# TOEFL ITP®テスト
# リスニング
# 問題攻略

旺文社 編

TOEFL and TOEFL ITP are registered trademarks of Educational Testing Service (ETS).
This publication is not endorsed or approved by ETS.

## はじめに

TOEFL (Test of English as a Foreign Language) テストは，主にアメリカなど英語圏へ留学する際に必要とされる試験です。アメリカのテスト開発機関ETS (Educational Testing Service) によって制作されています。本書で扱うTOEFL ITP (Institutional Testing Program) テストは，ETSが提供する団体向けのテストです。ETSによると，TOEFL ITPテストは，世界50か国，2,500以上の団体で実施され，受験者数は80万人を超えています。日本においても，高等学校，専門学校，短期大学，大学，企業など500以上の団体で，英語力の測定，大学のクラス分け，大学院入試，成績評価，単位認定，海外留学の選考試験などとして利用されています。

本書はTOEFL ITPテストのリスニングセクションに特化した問題集です。「攻略ポイント＋練習問題」「Practice Tests」「重要語彙リスト」の3つのCHAPTERで構成されています。

●CHAPTER 1「攻略ポイント＋練習問題」
ETS公認トレーナーである五十峰聖先生が，各Partでよく出題される会話・講義パターンを解説しています。

●CHAPTER 2「Practice Tests」
模擬試験を3回分収録しています。TOEFLテストに精通した河野太一先生が，問題を吟味しています。

●CHAPTER 3「重要語彙リスト」
本書に掲載されている問題の中で，特に覚えておきたい「口語・定型・キャンパス表現」をまとめています。

読者の皆さんにとって，本書がTOEFL ITPテストのリスニング力強化にお役に立てることを願っています。最後に，本書を刊行するにあたり多大なご尽力をいただきました五十峰聖先生（CHAPTER 1「攻略ポイント」ご執筆）と河野太一先生（問題校閲，CHAPTER 3ご執筆）に，深く感謝申し上げます。

旺文社

# もくじ

はじめに
本書の利用法 ……………………………………………… 6
付属CDについて ………………………………………… 9
TOEFL ITP テスト Information …………………… 10

## CHAPTER 1　攻略ポイント＋練習問題

**Part A** ……………………………………………………… 16

**Part B** ……………………………………………………… 36

**Part C** ……………………………………………………… 66

## CHAPTER 2　Practice Tests

**Practice Test 1**　問題　解答・解説 ……………… 98

**Practice Test 2**　問題　解答・解説 ……………… 152

**Practice Test 3**　問題　解答・解説 ……………… 200

## CHAPTER 3　重要語彙リスト

重要語彙リスト ……………………………………………… 250

Practice Tests 解答用紙 …………………………………… 255

攻略ポイント執筆●五十峰　聖
桜美林大学芸術文化学群特任講師。ウエストバージニア大学より高等教育経営学修士号を取得。ETS TOEFL ITP® Teacher Development Workshop Facilitator（公認TOEFLトレーナー）として日本各地の大学・高校，自治体，政府機関，企業などを対象にTOEFLワークショップを行う。

問題校閲・重要語彙リスト執筆●河野太一
河野塾塾長。早稲田大学政治経済学部中退。テンプル大学ジャパンキャンパス卒業（心理学専攻）。テンプル大学ジャパンキャンパス大学院卒業（英語教授法専攻）。大手留学準備校にて教務主任を務めたのち，独立。河野塾にて幅広い層の生徒にTOEFL/IELTS/GMAT/GRE対策を指導している。TOEFL iBT 116点。英語発音指導士®。

編集協力●株式会社メディアビーコン，斉藤　敦，Kaori Naito Church，株式会社シー・レップス，Jason A. Chau，
　　　　　株式会社CPI Japan
装丁デザイン●内津　剛（及川真咲デザイン事務所）
本文デザイン●尾引美代
CD録音●ユニバ合同会社

# 本書の利用法

本書は、「攻略ポイント＋練習問題」「Practice Tests」「重要語彙リスト」から構成されています。

## 『攻略ポイント＋練習問題』

●各Partの「問題形式」や「攻略のアドバイス」などを確認しましょう。その後、よく出題される会話・講義パターンを確認しましょう。例題を通して、解くためのコツを解説しています。なお、問題形式に慣れるため、例題はスクリプトとQuestionを見ながら解くようになっています。またCDのポーズは実際より短くなっています。

**攻略ポイント**

●最後に練習問題に挑戦してみましょう。

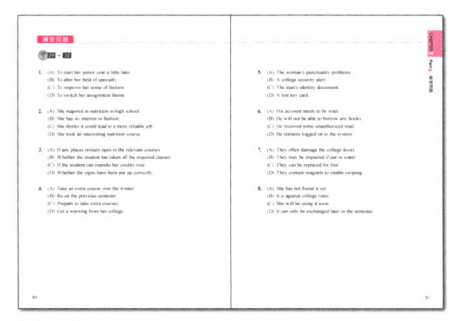

**練習問題**

# 「Practice Tests」

本番と同じ形式の模擬試験を3回分収録しています。解答用紙は巻末にあります。学習したことが身についているか，苦手な問題はないか，確認しましょう。

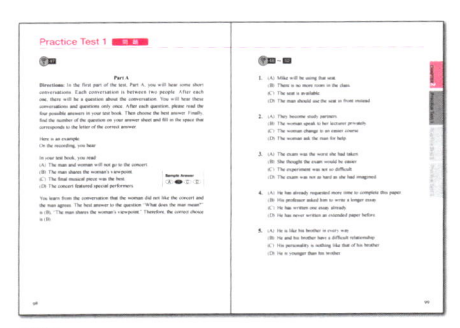

**問題**

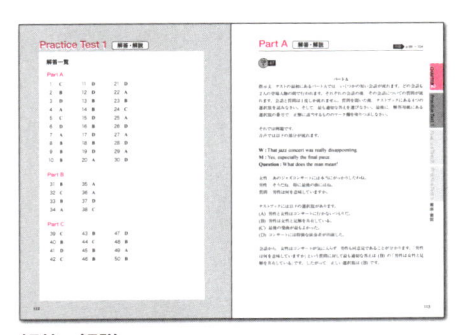

**解答・解説**

※Directionsは，Practice Test 1にのみ収録しています。

# 『重要語彙リスト』

本書で学習した「口語・定型・キャンパス表現」をまとめています。特にPart AやPart Bで知っておくとよいものばかりです。単語の暗記にお役立てください。

## 付属CDについて

本書の付属CDには，CHAPTER 1「攻略ポイント＋練習問題」と CHAPTER 2「Practice Tests」のすべての音声が収録されています。本文中ではトラック表示を🄲🄳❶ ❶という形で示しています。英語は1度しか読まれません。

### ▶ CDの収録内容

**CD1** （収録時間 約74分）

| トラック番号 | 内　容 |
| --- | --- |
| 1 〜 46 | 攻略ポイント＋練習問題 |
| 47 〜 89 | Practice Test 1 |

**CD2** （収録時間 約56分）

| トラック番号 | 内　容 |
| --- | --- |
| 1 〜 40 | Practice Test 2 |
| 41 〜 80 | Practice Test 3 |

【注意】付属のCDは，音楽CDプレーヤーでの再生を前提としております。パソコンなどで再生する場合，あるいは携帯型音楽プレーヤーに取り込む場合には不具合が生じる可能性がございますことを，あらかじめご了承ください。

# TOEFL ITPテスト Information

## TOEFL ITPテストとは

TOEFLテストは，Test of English as a Foreign Languageの略で，主に北米の大学や大学院で学ぶことを志願する際に，英語を母語としない人の英語能力を測定するテストです。アメリカの教育研究機関ETS（Educational Testing Service）によって制作されています。TOEFL ITPとは，ETSが提供する団体向けテストプログラムです。テストは過去のTOEFL PBTテスト（ペーパー形式）の問題を利用しており，Level1とLevel2の2つのレベルが設けられています。日本においても，大学，高等学校，企業など，全国500以上のさまざまな団体に利用されています。本書はスコアがTOEFLテストと高い相関関係にある一般的なLevel1のテストに対応しています。

※2024年10月現在の情報です。受験の際はETS Japanホームページで最新情報をご確認ください。

# ITP (Level1) の構成

テストの各セクションの構成です。解答方法は，4つの選択肢の中から1つを選び，マークシートをぬりつぶします。

| | セクション | パート | 設問数 | 内容 | 解答時間 |
|---|---|---|---|---|---|
| 1 | Listening Comprehension（リスニング） | Part A | 30 | 短い会話を聞き，質問に答える | 約35分 |
| | | Part B | 8 | 2つの長い会話を聞き，それぞれいくつかの質問に答える | |
| | | Part C | 12 | 3つの長いトークや講義の一部を聞き，それぞれいくつかの質問に答える | |
| 2 | Structure and Written Expression（文法） | Structure | 15 | 空所のある短い文章を読み，空所に入る語句を選ぶ | 25分 |
| | | Written Expression | 25 | 短い文章の4箇所の下線部のうち，誤りのあるものを選ぶ | |
| 3 | Reading Comprehension（リーディング） | Reading | 50 | 5つのパッセージを読み，それぞれいくつかの質問に答える | 55分 |

合計　約115分

## ITPの
## スコア

スコアは，各セクションごとに以下のスコア範囲で算出されます。全体スコアは最低310点〜最高677点になります。結果は実施団体宛に送付されます。

| | セクション | スコアの範囲 |
|---|---|---|
| 1 | Listening Comprehension | 31〜68 |
| 2 | Structure and Written Expression | 31〜68 |
| 3 | Reading Comprehension | 31〜67 |
| | 全体 | 310〜677 |

## TOEFL ITPテスト Information

### iBTとの違い

TOEFLテストには，ITPとiBTという2つのタイプがあります。特に用途，試験形式や出題されるセクションが大きく異なりますので，それぞれの違いを理解しておきましょう。

|  | ITP | iBT |
| --- | --- | --- |
| 用途 | 通常，留学で求められる公式なスコアとしては使えないが，大学のクラス分け，大学院入試，交換留学の学内選抜，iBT受験の準備などに広く使われる | 主に北米を中心とした英語圏への留学に必要な公式スコアとして使われる |
| 個人・団体 | 団体受験のみ<br>（個人では申し込めない） | 個人で受験<br>（受験者が自分で申し込む） |
| 形式 | ペーパー版／デジタル版 | PC |
| 問題作成 | かつて使われたPBTの問題を利用 | 新たに作成 |
| セクション | リスニング／文法／リーディング | リーディング／リスニング／スピーキング／ライティング<br>＊リーディング・リスニングは内容や形式がITPとは異なる |
| 時間 | 約2時間 | 約2時間 |
| スコア | 310〜677<br>（各セクション31〜67または68） | 0〜120<br>（各セクション0〜30） |

## 問い合わせ先

英語教育関係者，高等学校・大学教職員，国際交流団体・企業関係者など，ご自身の学生・生徒・社員などに対してTOEFL ITP実施をご検討の方は，下記よりお問い合わせください。個人でのお申し込みはできませんのでご注意ください。

ETS Japan合同会社
TOEFL® テスト日本事務局
ホームページ：https://www.etsjapan.jp/

# CHAPTER 1
## 攻略ポイント＋練習問題

■ **Part A** ……… 16

■ **Part B** ……… 36

■ **Part C** ……… 66

## 攻略ポイント
# Part A 短い会話問題

　Part Aは，2人の話者がそれぞれ1回ずつ発言する短い会話問題です。扱われるトピックは，大学のキャンパス生活でよく耳にするような話題です。例えば，図書館に本を返却する，宿題を期限通りに提出する，助言をする，イベントに招待する，などです。これから学習する会話パターンを意識しながら聞くようにしましょう。

## 問題形式

- **問題数**　30問
- **形式**　話者2人による1往復の会話を1回聞き，その後に読み上げられる質問に対して，4つの選択肢から解答を1つ選ぶ。男女の学生同士の会話がほとんどだが，教職員や店員との会話も出題される。
- **会話の長さ**　約20〜50語程度
- **解答時間**　13秒

## Part A 攻略のアドバイス

　Part Aの一番の特徴は，会話があっという間に終わってしまうことです。音声は1度しか流れませんし，解答時間も限られているので，以下の点に注意する必要があります。

**第1話者：トピックの判別**　まずは第1話者に集中して，トピック（宿題，バイトなど）を即座に判別します。

**第1話者：会話パターンの予測**　トピックが分かったら，第1話者の続きを聞き，会話パターンを予測します。質問をする，愚痴をこぼすなど，さまざまな会話パターンがあります。全部の情報が聞き取れなかったとしても，話し方，トーン，イントネーションなどを参考に「楽しそうだ」「不平を述べている感じだ」などと推測しましょう。

**第2話者：反応**　第1話者に対して，第2話者がどのように反応するかを聞き取ります。反応はさまざまですが，冒頭の部分で判断できる場合も多いので注意して聞きましょう。

**解答：第2話者の言い換え**　「第2話者は何と言っているか」を問う質問が多く出題されるので，必然的に第2話者の発言内容の重みが増します。その内容を言い換えた選択肢が正解です。

## 会話のトピック

- **キャンパスでの会話**
  例：「新しいIDを発行してもらう」「食費に関して質問する」「教室を探す」
- **住まいに関する会話**
  例：「アパートを探す」「ルームメイトと上手くやれていない」「寮費を安くしたい」
- **クラスや課題に関する会話**
  例：「論文のトピックを図書館でリサーチする」「成績に間違いがないか教授に聞く」「チューターから個別指導を受けたい」
- **健康や日常生活に関する会話**
  例：「風邪を引いたので薬局を探す」「クリスマス休暇にどうやって実家に帰るか」「友人を空港まで迎えに行く」
- **レジャーに関する会話**
  例：「週末のコンサートに誘う」「ピクニックの参加者を募る」「オーケストラのオーディションに参加する」

## 質問のタイプ

- **意味を問うもの**
  What does the man mean? / What does the woman say about 〜?
- **話し手の意図を問うもの**
  What does the man imply? / What can be inferred about the woman?
- **次の行動を問うもの**
  What will the speakers probably do next?
- **話し手の提案を問うもの**
  What does the man suggest the woman do? / What advice does the woman give to the man?
- **思い込み・想定について問うもの**
  What had the woman assumed?

---

### 本書で学習する会話パターン

会話パターン **1** ▶ Yes/Noで答えられる質問 ⇒ 答え
会話パターン **2** ▶ 意見 ⇒ 賛成・反対
会話パターン **3** ▶ 問題点 ⇒ 解決策
会話パターン **4** ▶ 提案 ⇒ 受け入れるか否か
会話パターン **5** ▶ 推測・推論を要する会話
会話パターン **6** ▶ 次の行動を予測する会話
会話パターン **7** ▶ 思い込み・想定に関する会話

# Part A 会話パターン ❶
# Yes/Noで答えられる質問 ⇒ 答え

第1話者が「Yes/Noで答えられる質問」，つまり答えにYesかNoを要求する質問（例：Did you 〜？やCan I 〜？など）を投げかけるのが特徴です。第2話者がYes/Noのどちらを答えるかを判断すればいいのですが，Yes/Noと明確に言わない場合が多いので，要注意です。

### 例題　CD 1-1

注目ポイント① Yes/Noで答えられる質問

M : Are you going to attend Professor Watson's science lecture tonight?
W : I wouldn't miss it for the world! He's a legend on campus!
Question : What does the woman mean?

注目ポイント② 質問に対する答え。正解を導く1文。

(A) She will not be in attendance.
(B) The lectures on legends are unmissable.
(C) She is looking forward to going.
(D) She missed the lecture.

注目ポイント③ 女性の「絶対に行く」の言い換え

### 解答　C

### 訳
男性：今晩，ワトソン先生の科学の講演に行く？
女性：絶対に行くわ！　先生は大学のレジェンドですもの！
質問：女性は何を意味していますか。
(A) 彼女は出席しない。
(B) 伝説に関する講演は聞き逃せない。
(C) 彼女は行くのを楽しみにしている。
(D) 彼女は講演を聞き逃した。

### 解説
ワトソン先生の講演に行くかという質問に対して，女性は「絶対に行く」と答えています。I wouldn'tの部分だけを聞くと，Noと答えているようですが，miss it「講演を聞き逃す」に対する否定形ですので「聞き逃すことはない ＝ 行く」となります。for the worldは「絶対に」という意味のイディオムです。

# Part A 会話パターン ❷
# 意見 ⇒ 賛成・反対

第1話者が何かについて意見を述べることで会話が始まります。意見はプラス（褒めるなど）とマイナス（快く思わないなど）の両方があります。その意見に対して第2話者が賛成または反対する，という展開です。

### 例題　CD 1-2

注目ポイント①「前より大変だ」という意見

W : Junior year sure is harder than the first two !
M : I'm with you on that. Just imagine what our senior year will be like!
Question : What does the man mean?

注目ポイント② 女性の意見に賛成している

(A) The woman has had a difficult couple of years.
(B) He feels the same way as the woman.
(C) He imagines senior year will be easier.
(D) The woman chose the easier courses.

注目ポイント③「賛成している」の言い換え

### 解答　B

### 訳

女性：3年生は1，2年より確かに大変だわ！
男性：同感だよ。4年生は一体どうなることやら！
質問：男性は何を意味していますか。
(A) 女性はこの2，3年間，大変だった。
(B) 彼は女性と同じ気持ちである。
(C) 彼は4年生は楽になると思っている。
(D) 女性は楽な方の講座を選んだ。

### 解説

junior year は「最後の学年より1年下の学年（ここでは，大学3年生）」という意味で，the first two (years) と比較されています。男性の I'm with you on ～は「～についてあなたに賛成だ」という同意を表す表現です。Just imagine ～以降では，3年生が大変だと同意した上で，4年生はさらに大変になるよ，と言っています。

19

# Part A 会話パターン ❸
# 問題点 ⇒ 解決策

勉強，予定，お金などの問題を抱えている第1話者に対して，第2話者が「～すれば？」と解決策を提案する会話パターンです。命令形を用いて直接指示を出す場合もあれば，間接的な場合もあります。

### 例題 　CD 1-3

注目ポイント① 「ファイルが見つからない」という問題

**M**: The file for our project isn't anywhere on this computer!
**W**: Ask Mike. I believe he already backed it up.
**Question**: What does the woman suggest?

注目ポイント② 解決策とその理由

(A) She help Mike look for it.
(B) He check to see if a friend made a copy.
(C) He ask Mike to join the project.
(D) They go back and start over.

注目ポイント③ 解決策の言い換え

### 解答　B

### 訳
男性：僕たちのプロジェクトのファイルだけど，このパソコンのどこにもないよ！
女性：マイクに聞いて。彼はもうバックアップを取ったと思うわ。
質問：女性は何を提案していますか。
(A) 彼女がそれを探すためにマイクを手伝う。
(B) 彼が友達がコピーを取ったかを確認する。
(C) 彼がマイクにプロジェクトへの参加を依頼する。
(D) 彼らが元に戻って最初からやり直す。

### 解説

problem や trouble など「問題」を示す単語が使われていなくても，「困っている」ということが話者のトーンなどから推測できるようにしましょう。ここでは ~ isn't anywhere の部分から，「必要な物がなくて困っている」と理解できます。back ~ up は「～のコピーを取る」という意味です。

# Part A 会話パターン ❹
# 提案 ⇒ 受け入れるか否か

第1話者が何かの提案を持ちかけたり，イベントなどへ誘ったりします。その後の第2話者が，それを受け入れるか，拒否するかを聞き分けるのがポイントです。またその理由も聞き取るようにしましょう。

### 例題  CD 1-4

**注目ポイント①**「～してはどうか？」と提案

M： How about we invite David to join our study group?
W： We could ..., but he spends more time playing games than learning these days.
Question： What does the woman imply about David?

**注目ポイント②** いったん受け入れる姿勢を見せるものの，but で一転，その後の内容から拒否と分かる

(A) He takes a while to learn anything.
(B) Adding him to the group may not be a good idea.
(C) He has spent a lot of money on games.
(D) He does not learn enough from the group.

**注目ポイント③**「仲間に入れることに反対」に一番近い選択肢を選ぶ

### 解答 B

### 訳

男性：デイビッドを僕たちの勉強会に呼ばない？
女性：いいけど…，でも彼は最近，勉強よりゲームに時間をかけているわよ。
質問：女性はデイビッドについて暗に何を言っていますか。
(A) 彼は何事も学習に時間がかかる。
(B) 彼を仲間に入れるのは，よい考えではないかもしれない。
(C) 彼はゲームに多額のお金を使っている。
(D) 彼はグループからはあまり学ばない。

### 解説

提案を示す How about ～? がポイントです。ほかにも，What about ～? / Why not ～? / What do you think about ～? なども覚えましょう。study group は「学生仲間での勉強会」という意味です。女性の could は「～することも可能だ（しかし実際には無理）」と低い可能性を示し，We could invite him の invite him が省略されています。

# Part A 会話パターン ❺
# 推測・推論を要する会話

直接的には言っていなくても，発言内容から間接的に理解することを「推測・推論する」（infer, imply）と言います。会話中の単語や表現だけにとらわれず，「要は何を言いたいのか」を見抜く姿勢で聞くことが大事です。

### 例題　CD1-5

**注目ポイント①**「夏に働こうと思っている」という報告

M : **I'm thinking of getting a job this summer** to help pay for rent.
W : With your scholarship, you might not need to. **I always make a point of calculating costs and making a budget for the year.**

**Question** : What does the woman imply?

**注目ポイント②**
自分はこうしている，と述べることで，暗に「そのようにした方がいいよ」と提案している

(A) The man must find a new job.
(B) The cost of rent is increasing.
(C) **The man needs to review his financial situation.**
(D) The man should quit his job at the year's end.

**注目ポイント③**
女性の「費用を計算して予算を立てる」の言い換え

### 解答　C

### 訳
男性：今度の夏はバイトを見つけて，家賃の足しにしようと思っているんだ。
女性：あなたは奨学金があるのだから，その必要はないかもしれないわ。私はいつも費用を計算して1年間の予算を立てるようにしているわ。
質問：女性は暗に何を言っていますか。
(A) 男性は新しい仕事を探さなければならない。
(B) 家賃が値上がりしている。
(C) 男性は自分の経済状況を見直す必要がある。
(D) 男性は年末に仕事を辞めるべきである。

### 解説
推測・推論を要する会話には，さまざまな展開があります。この問題は，報告→提案という展開になっており，「自分はこうしている」と間接的に提案しています。男性の発言中にある help pay は，動詞が2つ続くので変に思ったかもしれませんが，help *do* は「〜するのを手伝う」という用法です。make a point of *doing* は「努めて〜する」という意味です。

# Part A 会話パターン ❻
# 次の行動を予測する会話

話者の1人もしくは2人が，会話の後におそらくどのような行動を取るかを予測する問題です。会話の中からキーワードをピックアップし，会話の後，どのような展開が一番自然で適切かを判断しましょう。

### 例題　CD1-6

注目ポイント① 「友達に会うつもりだが，一緒にどう？」と誘っている

W : My friends are at a parade that's happening downtown. I'm thinking of meeting up with them afterwards at a restaurant in that area. Care to join me?
M : I've been planning to just stay at home, but on second thought, I'm in the mood for some socializing.
Question : What will the man probably do next?

注目ポイント② この後，おそらく一緒に行くと判断できる

(A) Go with the woman to see her friends.
(B) Invite the woman to his house.
(C) See the parade live.
(D) Have a meal near his house.

### 解答　A

### 訳
女性：ダウンタウンでやっているパレードに友達が行っているの。後であっちのレストランで落ち合おうと思っているの。一緒に来る？
男性：家にいるつもりだったけど，考えてみたら，おしゃべりしたい気分だよ。
質問：男性はおそらく次に何をしますか。
(A) 女性と出かけて彼女の友達に会う。
(B) 女性を彼の家に招く。
(C) パレードを生で見る。
(D) 彼の家の近くで食事をする。

### 解説

meet up with ～は「～と会う」という意味です。男性が，on second thought「考え直してみると」以降で意見を変えている点に注意します。be in the mood for ～は「～したい気分だ」という意味なので，男性はこの後，女性と一緒に友達と合流すると考えられます。

# Part A 会話パターン ❼
# 思い込み・想定に関する会話

思いこみや想定（assumption）について問うこの会話パターンでは、「～だと思っていた」など、それまで何を思い込んでいたか、何を当然だと考えていたかを判別します。驚きのニュアンスが入る場合もあるので、注意して聞き取るようにしましょう。

## 例題　CD1-7

**M** : I got a pretty good score on the test, thanks to your tutoring!
**W** : Oh, so you have been paying attention to me.
**Question** : What had the woman assumed?

(A) The test would be too hard for the man.
(B) The man was not serious about studying.
(C) The man did not really like her.
(D) Her advice for the man was not good.

**注目ポイント①**
「注意して聞いていたのね」はつまり、聞いていないと思い込んでいたということ

**注目ポイント②**
質問はこのような文言が多い。had～assumedは、会話が交わされた時より前の過去を示す

## 解答　B

### 訳
男性：君に教えてもらったおかげで、テストでは結構いい点が取れたよ！
女性：あら、それなら、あなたは私の言うことを注意して聞いていたのね。
質問：女性はどのように思い込んでいましたか。
(A) テストは男性には難し過ぎるだろう。
(B) 男性はまじめに勉強していなかった。
(C) 男性は実は女性のことを好きではなかった。
(D) 男性にした彼女のアドバイスはよくなかった。

### 解説
tutoring「個人指導」のおかげで成績が上がって嬉しいという男性に対して、指導をした女性は、男性が注意して聞いているとは思っていなかった、と答えています。女性の冒頭のOh, so ～は「あら、それなら～なのね」という驚きを表現しています。

## 練習問題

CD1 8 ~ 12

1. (A) He will probably be on the computer for some time.
   (B) He is sending a report to the woman.
   (C) He is done with the computer.
   (D) He had to restart the computer.

2. (A) The man would pay for her meal.
   (B) The man went to lunch already.
   (C) The man was planning to be late.
   (D) The man would avoid admitting his mistake.

3. (A) He would prefer the woman not to cook.
   (B) He worries that the woman would be too tired.
   (C) The woman is always a reliable chef.
   (D) The dormitory oven is broken.

4. (A) Buy books.
   (B) Leave campus.
   (C) Finish a meeting.
   (D) Go to the library.

5. (A) She change to a less expensive course.
   (B) She take expensive courses.
   (C) She transfer to another institution.
   (D) She tutor for extra money.

CD 1  13 ~ 22

6. (A) He wants some help with his teaching.
   (B) He is thinking of taking a graduate course.
   (C) He is very interested in the position.
   (D) He needs more time to decide.

7. (A) George has been taking private tennis lessons.
   (B) The man has an opportunity to learn from George.
   (C) The woman may become George's next opponent.
   (D) The man will only be satisfied if he can win at least once.

8. (A) They had been already purchased by the man.
   (B) They were no longer going to be sold.
   (C) They would be available at a later date.
   (D) They would be only available online.

9. (A) His team will beat their rivals.
   (B) He is worried about losing.
   (C) His team needs a stronger trainer.
   (D) He cannot endure a loss.

10. (A) Sailing holds no interest for her.
    (B) She never joins clubs.
    (C) It is not possible this semester.
    (D) She was hoping to be invited.

11. (A) Submit paperwork for a scholarship.
    (B) Explain why she wants to go to Spain.
    (C) Talk to her teacher.
    (D) Attend Spanish class.

12. (A) He has already handed in his essay.
    (B) He has no idea about the deadline.
    (C) He knows the deadline of the essay.
    (D) He has many good ideas for the paper.

13. (A) Seek permission to increase his study schedule.
    (B) Get advice about his engineering exam.
    (C) Ask for extra funds on his credit card.
    (D) Sign up for a more academic course.

14. (A) Wait and see if the news will affect her.
    (B) Try to join in the discussion with the university.
    (C) Finish her university degree as soon as possible.
    (D) Save up some extra money.

15. (A) The library is located too far for her.
    (B) The weather keeps changing.
    (C) She did not hear what he said.
    (D) The library is more comfortable than before.

解答・解説

## 1. 解答 A  CD1 8

**W:** Are you almost finished with that computer?
**M:** I'm afraid I've only just started my report.
**Question:** What does the man mean?

訳　女性：あのコンピュータはもう少しで使い終わる？
　　男性：悪いけど、レポートをちょうど始めたところなんだ。
　　質問：男性は何を意味していますか。

(A) 彼はしばらくはコンピュータを使うだろう。
(B) 彼は女性にレポートを送ろうとしている。
(C) 彼はコンピュータの使用を終えた。
(D) 彼はコンピュータを再起動しなければならなかった。

解説　女性の質問の意図は、「自分がコンピュータを使えるかどうか」ということ。男性は「レポートをちょうど始めたところ」つまり「コンピュータをまだしばらくは使う」ことを伝えている。したがって、(A) が正解。I'm afraid ～は「悪いけど～ではないかと思う」という意味。

## 2. 解答 D  CD1 9

**M:** I'm sorry I'm late. It's my fault, so let me make it up to you by treating you to lunch.
**W:** First of all, I'm glad you've finally stopped making excuses.
**Question:** What had the woman assumed?

訳　男性：遅れてごめん。僕が悪いから、おわびにランチをごちそうさせて。
　　女性：何より、あなたがやっと言い訳をしなくなったのが嬉しいわ。
　　質問：女性は何を想定していましたか。

(A) 男性が彼女の食事代を払う。　(B) 男性がもう昼食に行った。
(C) 男性が遅れるつもりだった。　(D) 男性が自分のミスを認めようとしない。

解説　男性は遅れたことをわびて、女性にランチをごちそうすると申し出ている。それを聞いた女性が嬉しいと言ったのは、男性が finally stopped making excuses「やっと言い訳をしなくなった」から。つまり、女性はまた男性が遅れたことの言い訳をするだろうと想定していたので、(D) が正解。make it up to ～は「～に埋め合わせをする」という意味。

28

## 3. 解答 A  CD1 10

**W :** Why don't I do the catering for the dorm Thanksgiving party this year?
**M :** Thanks, but after your summer barbeque fire and that Halloween cake error, you can take a break this time!
**Question :** What does the man mean?

🔁 女性：今年の学生寮の感謝祭パーティーに食事を出そうかしら。
男性：ありがとう，でも君は夏のバーベキューでの火事や例のハロウィーンケーキのミスもあったし，今回は休んでいいよ！
質問：男性は何を意味していますか。

(A) 彼は女性に料理をしてほしくない。
(B) 彼は女性が疲れ過ぎてしまうのではないかと心配している。
(C) 女性はいつも頼もしいシェフである。
(D) 寮のオーブンは壊れている。

解説 女性はパーティーに食事を出そうかと申し出ている。男性は女性が過去に起こした火事やミスに触れ，you can take a break「休んでいいよ」と断っているので，(A) が正解。

## 4. 解答 D  CD1 11

**M :** Sorry, but can we finish our meeting later at the school library? There's a used textbook sale here on campus and the books I need may sell out fast.
**W :** Do as you please. I've got plenty of time, so I'll just wait for you at our meeting place until you get back.
**Question :** What is the woman going to do next?

🔁 男性：申し訳ないけど，打ち合わせは後で学校の図書館で終わらせてもいいかな？古本の教科書セールがこの構内であって，僕が必要な本はすぐに売り切れてしまうかもしれないんだ。
女性：どうぞ。私はたっぷり時間があるから，あなたが戻るまで打ち合わせ場所で待っているわ。
質問：女性は次に何をしますか。

(A) 本を買う。　　　　　　　　(B) キャンパスから出る。
(C) 打ち合わせを終わらせる。　　(D) 図書館に行く。

解説 男性はいったん女性と別れて，後で図書館で打ち合わせの続きを行おうと提案して

いる。女性はI'll just wait for you at our meeting place「打ち合わせ場所で待っている」と言っているが，our meeting placeは図書館のことなので，女性は図書館に向かうと考えられる。したがって，(D) が正解。

## 5. 解答 C 〔CD1-12〕

W : I simply can't afford the tuition at this college! My loans are escalating so fast.
M : Courses aren't cheap here. There are other colleges that offer courses at more reasonable rates.
Question : What does the man suggest?

訳 女性：この大学の授業料は払いきれないわ！ ローンが加速度的に増えているの。
男性：ここの講座は安くないよ。もっと安い講座を提供する大学がほかにあるよ。
質問：男性は何を提案していますか。
(A) 彼女がもっと安い講座に変更する。
(B) 彼女が高い講座を受講する。
(C) 彼女が別の学校に移る。
(D) 彼女がお金をもっと得るために家庭教師をする。

解説 女性の発言にあるaffordは「〜を支払う金銭的余裕がある」という意味。女性は高い授業料のためにローンが増えていることを嘆いている。男性はもっと授業料が安い大学があると言って，ほかの学校に移れる可能性を示唆している。したがって，(C) が正解。transfer to 〜は「〜に移る」，institutionは「機関」の意味で，ここではcollegeのこと。

## 6. 解答 C 〔CD1-13〕

W : Mark, have you thought about trying your hand as a teaching assistant now that you're in grad school?
M : I've been considering that very idea for weeks!
Question : What does the man mean?

訳 女性：マーク，あなたは大学院生だから，助手をしてみようと考えたことはあるの？
男性：まさにそのことを，何週間も考えているんだ！
質問：男性は何を意味していますか。
(A) 彼は指導を手伝ってほしい。　　　(B) 彼は大学院への進学を考えている。
(C) 彼はその職にとても興味がある。　(D) 彼は決めるのにもっと時間が必要だ。

解説 男性の発言にある that very idea とは，女性の発言中の「助手をしてみること」。try one's hand は「初めてやってみる」という意味。男性は興味があるから「何週間も考えている」ので，(C) が正解。position「職」は，teaching assistant「助手」を指している。

## 7. 解答 B  CD1 14

**M** : I've lost against George in tennis three times in a row now. Should I give up?
**W** : Well, sure he's in a class of his own, but now's the time to get an education before he finds a better match-up.
**Question** : What does the woman imply?

訳 男性：テニスでこれで3回連続ジョージに負けてしまったよ。もう諦めるべきかな。
女性：まあ，確かに彼は別格だけど，彼がもっとふさわしい対戦相手を見つけないうちに，今こそ学ぶチャンスよ。
質問：女性は暗に何を言っていますか。
(A) ジョージはテニスの個人レッスンを受けている。
(B) 男性はジョージから学ぶチャンスがある。
(C) 女性はジョージの次の対戦相手になるかもしれない。
(D) 男性は1度だけでも勝つことによってのみ満足できるだろう。

解説 テニスで負け続けて弱気になっている男性に対して，女性は now's the time to get an education「今こそ学ぶチャンスだ」とアドバイスしている。つまり，ジョージとの試合を諦めるのではなく，今こそジョージから学ぶチャンスだと言っている。したがって，(B) が正解。in a class of one's own で「並ぶものがない，断然優秀な」という意味。

## 8. 解答 C  CD1 15

**M** : I'm about to go to the ticket office to get advance seats for the concert. You wanna come?
**W** : So, they went ahead of the schedule that was posted on their website.
**Question** : What had the woman assumed about the tickets?

訳 男性：コンサートの前売り券を買いにチケット売り場へ行くところだよ。君も来る？
女性：それなら，ウェブサイトに掲載されていた予定より早まったのね。
質問：女性はチケットについて何を想定していましたか。
(A) それは男性が既に購入していた。　(B) それはもう販売予定はない。

(C) それは後日入手可能になる。　　　(D) それはオンラインでしか入手できない。

解説 女性はチケットの販売日について「ウェブサイトに掲載されていた予定より早まったのね」と言っている。つまり，販売日はもっと後だと思っていたので，(C) が正解。ahead of schedule は「予定より早く」という意味。

## 9. 解答 B  CD1 16

W : I think we have a good chance of winning the cup again this Saturday.
M : You do? The rival team was looking pretty strong during training.
Question : What does the man mean?

訳 女性：今度の土曜日，また私たちが優勝する見込みは十分あると思うわ。
男性：そう思う？　練習中，ライバルチームはかなり強そうだったよ。
質問：男性は何を意味していますか。
(A) 彼のチームはライバルチームを負かすだろう。
(B) 彼は負けるのではないかと心配している。
(C) 彼のチームにはもっと強いトレーナーが必要だ。
(D) 彼は負けることには耐えられない。

解説 女性はチームの優勝にかなり自信を持っている。それに対して男性は，You do? と相手の意見を確認した後で，ライバルチームが強そうだったと言っている。これは負ける可能性を心配しての発言なので，(B) が正解。have a good chance of doing は「〜する見込みがかなりある」，win the cup は「優勝する」という意味。

## 10. 解答 D  CD1 17

M : You wouldn't be interested in joining our sailing club this semester, would you?
W : Really? I thought you'd never ask!
Question : What does the woman mean?

訳 男性：今学期，僕たちのセーリング部に入る気はないよね？
女性：本当？　あなたは絶対誘ってくれないと思っていたわ！
質問：女性は何を意味していますか。
(A) 彼女はセーリングに全く興味がない。

32

(B) 彼女は部活には絶対に入らない。
(C) 今学期は不可能だ。
(D) 彼女は誘ってもらうことを望んでいた。

**解説** 男性は「入る気はないよね？」と，断られるだろうと予想しながら女性に入部の意向を尋ねている。女性の I thought you'd never ask!「絶対に誘ってくれないと思っていたわ！」という発言の裏には，女性の誘ってもらいたかったという気持ちがあるので，(D) が正解。

## 11. 解答 C  CD1 18

**M**: Did you know that anyone taking our class can apply for the scholarship to do fieldwork in Spain? You just have to inform the professor after class before the end of the month, and then write a paper about why you want to go.
**W**: Hmm, then I suppose it wouldn't hurt to change my schedule to make some time today.
**Question**: What is the woman probably going to do next?

**訳** 男性：このクラスを取っている人は誰でも奨学金に応募してスペインで実地調査ができることを知っていた？　今月の終わりまでに授業の後，先生に伝えて，それから志望理由についてレポートを書くだけなんだ。
女性：そう，それなら今日，時間を作るために予定を変えるのも悪くないわね。
質問：女性はおそらく次に何をしますか。
(A) 奨学金のための書類を提出する。
(B) 彼女がスペインに行きたい理由を説明する。
(C) 彼女の先生に話す。
(D) スペイン語の授業に出席する。

**解説** 男性の発言から，奨学金に応募するにはまず inform the professor after class「授業の後，先生に伝える」，その後 write a paper about why you want to go「志望理由についてレポートを書く」必要があることが分かる。女性は奨学金の応募に乗り気な様子なので，次に行うのは (C) だと考えられる。

## 12. 解答 B  CD1 19

**W**: I can't come up with an idea for my essay. Do you know when we have to turn it in?

**M :** Your guess is as good as mine, but as for me, I'm submitting my paper as soon as possible.

**Question :** What does the man mean?

🈩 女性：小論文のアイデアが浮かばないわ。いつ提出しなければならないか知ってる？
男性：僕もよく分からないんだ。でも，僕はできるだけ早く小論文を提出するつもりだよ。
質問：男性は何を意味していますか。
(A) 彼は小論文をもう提出した。
(B) 彼は締め切りについては全く分からない。
(C) 彼は小論文の締め切りを知っている。
(D) 彼は小論文のよいアイデアがたくさんある。

解説　Your guess is as good as mine「あなたの推測は私と同じだ」から，「あなたと同じように私にも分からない」の意味になる。したがって，締め切りについて全く分からないとする (B) が正解。turn in ～, submit, hand in ～は「～を提出する」という意味。

## 13. 解答 A　CD1 20

**M :** I really wanted to enroll in that engineering course, but I was told my credits are maxed out.
**W :** Try to get your advisor and academic dean to sign an excess credit form for you.

**Question :** What does the woman suggest the man do?

🈩 男性：僕は本当にあの工学の講義を履修したかったんだけど，単位が上限いっぱいだと言われたんだ。
女性：指導教授と学部長に，超過単位用紙にサインしてもらったら。
質問：女性は男性に何をするように提案していますか。
(A) 彼の学習予定を増やしてもらうよう許可を求める。
(B) 工学の試験に関するアドバイスをもらう。
(C) 彼のクレジットカードの資金を増やしてもらうように頼む。
(D) もっと専門的な講義に履修登録をする。

解説　男性の問題は，既に上限いっぱいの単位を履習しているので希望する講義を履修できないこと。女性の助言は，指導教授と学部長に用紙へのサインを依頼すること。これはつまり，正式な許可を依頼することなので (A) が正解。max out ～は「～を（最高限度まで）使い切る」という意味。

34

## 14. 解答 A

W: They said on the news that there's a plan to raise school tuition. I guess I'll have to apply for a part-time job.
M: Well, aren't you graduating soon? You know, the university might be in talks for a long time.
Question: What does the man imply the woman should do?

訳　女性：ニュースで言っていたけれど，学校の授業料を上げる計画があるそうよ。アルバイトを申し込まないといけないね。
男性：まあ，君はもうすぐ卒業じゃない？　議論には時間がかかるかもしれないよ。
質問：男性は女性に何をするべきだと暗に言っていますか。

(A) そのニュースが彼女に影響を及ぼすかどうか成り行きを見る。
(B) 大学との話し合いに参加してみる。
(C) できるだけ早く大学を卒業する。
(D) 余分のお金を蓄える。

解説　女性は授業料の値上げを心配している。男性の発言から，女性は卒業間近であることが分かる。男性のthe university might be in talks for a long timeから，男性は値上げの決定には時間がかかると判断していることが分かるので，(A)が正解。wait and see は「成り行きを見る」という意味。

## 15. 解答 D

M: The new air conditioners have really improved the library.
W: You can say that again — I can't keep away!
Question: What does the woman mean?

訳　男性：新しいエアコンのおかげで図書館がとてもよくなったね。
女性：本当にそうね。離れられないわ！
質問：女性は何を意味していますか。
(A) 図書館の場所は彼女には遠過ぎる。　(B) 天候がずっと不安定だ。
(C) 彼女は彼の発言が聞こえなかった。　(D) 図書館は以前よりも快適である。

解説　女性の発言のYou can say that againは「全くあなたの言うとおりだ」と相手の発言に同意を示す表現。女性は男性の「エアコンのおかげで図書館がとてもよくなった」という発言に同意しているので，(D)が正解。

35

## 攻略ポイント
# Part B 長い会話問題

Part Bは，2つの長い会話で構成されます。大学キャンパスでの会話が中心で，大学生活でよくあるトピックが出題されます。話者は学生，教職員，時には学外から招かれた講演者などさまざまですが，いずれの場合も話者は男女1人ずつです。

## 問題形式

- **問題数**　通常8問（会話文1題につき3〜5問ずつ）
- **形式**　男女2人による6〜8往復の会話を聞き，その後に読み上げられる質問に対して，4つの選択肢から解答を1つ選ぶ。
- **会話の長さ**　約200〜300語程度
- **解答時間**　13秒

## Part B 攻略のアドバイス

Part Aの短い会話とは違い，Part Bでは会話の大まかな展開を把握した上で，より詳細な情報を追う必要があります。会話のシチュエーションごとに注意すべきポイントは以下のとおりです。

**学生同士の会話**
- 学生が問題を抱えている会話では，その問題点の詳細とそれに対する解決策・提案を聞き取る。
- イベントへの参加など，情報を聞き出す会話では，5W1Hを中心に情報を整理する。
- 授業の予習・復習をしている会話では，クラス名，テーマ，問われそうな点（つまり学生たちが重点的に質問し合っている点）などを追う。

**教職員・講演者と学生の会話**
教職員や講演者が学生と話す会話では，規則，期限，講義内容など，学生同士の会話と比べるとテーマが少し硬めになります。以下の点に特に注意しましょう。
- 問題点，特に学生の課題や手続きなど学業上の問題点がないか。
- 教授からの提案（専攻分野の変更，学会での発表など）がないか。
- 重要な学術用語の解説，その例を教授や講演者が示していないか。

## 会話のトピック

- **勉強や科目に関する会話**
  例：「未知のバクテリア研究について，研究者に学内ラジオでインタビューする」
  　　「教授から，国立公園にいるバッファローの伝染病を調べる研究活動に誘われる」
  　　「授業を欠席した学生が，生物の授業で扱われたイカの生態について友人から教わる」
- **キャンパス活動や生活に関する会話**
  例：「アパートの修理について，管理者とトラブルが発生する」
  　　「週末に参加した合唱コンクールの結果と今後の予定について話し合う」
  　　「夫婦で住める学内の寮について，不動産屋に相談する」

## 質問のタイプ

- **主旨を問うもの**
  What are the speakers mainly discussing? / What is the purpose of the conversation?
- **理由を問うもの**
  Why did the man not stay home?
- **目的を問うもの**
  Why does the professor mention Abraham Lincoln in the lecture?
- **推測を必要とするもの**
  What can be inferred from the man's experience abroad?
- **次の行動について問うもの**
  What will the speakers probably do next?
- **そのほか，内容の詳細を問うもの**
  According to the professor, what is one result of the experiment with sea otters?

### 本書で学習する会話パターン

会話パターン1 ▶ 学生同士のキャンパス生活に関する会話
会話パターン2 ▶ 学生同士の勉強や科目に関する会話
会話パターン3 ▶ 学生と教職員・講演者などとの会話

## Part B 会話パターン ❶
# 学生同士のキャンパス生活に関する会話

2人の学生が，クラブ活動や就職活動など，勉強以外のトピックについて話したり相談したりします。問題点，困った点，提案，賛成・反対の意見などのポイントを押さえながら，話の流れを追いましょう。

**例題** CD1 23 〜 24

## Questions 1-4

Listen to a conversation between two students talking about a situation at college.

M : I just got an e-mail from our math club president warning that we may have to dissolve unless we boost membership. We have a week to submit a survival plan. Any ideas?　　**注目ポイント①** 困っている点と相談内容

W : Have you thought about inviting people to give talks? Hearing from those who used their math studies to forge successful careers can really spur people on, you know.　　**注目ポイント②** 提案1

M : That's true, but with our college being so rural, the guest speakers would have to drive 2 or 3 hours just to give a 1-hour lecture. That would be a big hassle, wouldn't you say?　　**注目ポイント③** 提案1に対する反対意見

W : Yeah .... Or, if you want to engage more people, how about we arrange a competition like a students-versus-faculty sports game or a boys-against-girls math quiz? Whoever loses would then have to present their calculations for a really challenging math problem. That would be a great way to combine fun and learning at the same time.　　**注目ポイント④** 提案2

M : Yeah! If we make it a memorable event, people will be more likely to attend future activities, too.

W : Exactly. Remember, with math, you can use everything around you as a point of study. Holding a card-game tournament or going bowling could also work, as they are activities where you can find many kinds of math connections.

M : That's fantastic! I think our math club is going to survive if we introduce all these great plans. I'll draw up some sample flyers and submit them to the club advisers. Thank you so much for your help!

注目ポイント⑤
提案2に対する
賛成意見と次の行動

**1.** **Question :** What are the speakers mainly discussing?
   (A) The solution to a difficult math problem.
   (B) How to select a college club.
   (C) Fun events to end the college year.
   (D) Ways to promote a student organization.

**2.** **Question :** Why does the man not agree about guest speakers?
   (A) There are not enough available.
   (B) The college cannot accommodate them.
   (C) The institution is too remote for them.
   (D) They do not have enough drive.

**3.** **Question :** What does the woman say about competitions?
   (A) They are more enjoyable for females.
   (B) They are about memorizing answers.
   (C) They are a challenge to organize.
   (D) They integrate study and amusement.

**4.** **Question :** What will the man probably do next?
   (A) Make some draft advertisements.
   (B) Seek the advice of his president.
   (C) Attend a bowling tournament.
   (D) Turn in a math assignment.

🔖 **訳** 大学の状況を話し合っている2人の学生の会話を聞きなさい。

男性： 今，数学クラブの部長からメールがあって，メンバーを増やさないと廃部になるかもしれないと警告してきたんだ。生き残り計画を提出する期限は1週間。何か考えはない？

女性： 人を呼んで講演してもらうっていうのは考えた？ 数学の研究を使ってキャリアで成功した人の話を聞くと本当にやる気が出るのよね。

男性： そうだね，でも僕たちの大学はすごく田舎にあるから，ゲスト講演者は1時間の講義をするのに2，3時間運転して来ないといけないよ。それってすごく面倒だと思わない？

女性： そうね…。それとも，もっとたくさんの人を引き込みたければ，学生対教授陣のスポーツの試合とか男女対抗の数学クイズみたいな競技を企画するのはどう？ 負けた方が本当に難しい数学の問題の答えを出さないといけないの。それって遊びと勉強を同時に結びつけるいい方法になるわ。

男性： うん！ 思い出になるようなイベントにすれば，これからの活動にももっと人が参加してくれるだろうね。

女性： その通りよ。だって，数学なら，身の回りのものは何でも勉強のポイントに使えるわ。トランプのトーナメントをしたりボウリングに行ったりするのもいいかもしれないわね。数学とのいろいろな関連が見つけられる活動だもの。

男性： それは素敵だね！ この素晴らしい計画を全部取り入れたら，僕たちの数学クラブは生き残ると思うな。チラシのサンプルを作成して，クラブの顧問たちに提出してみるよ。助けてくれて本当にありがとう。

## 1. 解答 D

🔖 質問：話し手たちは主に何について話し合っていますか。

(A) 難しい数学の問題の解法。
(B) 大学のクラブの選び方。
(C) 大学の1年を締めくくる面白いイベント。
(D) 学生組織を宣伝する方法。

[解説] 会話全体の主旨を問う問題です。冒頭で男性が「メンバーを増やさないと，数学クラブが廃部になるかもしれない」と相談を持ちかけ，女性に解決策を求める流れになっています。会話中のmath clubが，正解 (D) ではa student organizationと漠然とした表現に言い換えられています。このように，会話中の表現が選択肢では言い換えられていることが多いので，注意しましょう。(D) のpromoteは「～の宣伝活動をする」という意味です。

## 2. 解答 C

**訳** 質問：なぜ男性はゲスト講演者について賛成していないのですか。
(A) 来てもらえる人が十分にいないから。
(B) 大学は彼らを滞在させられないから。
(C) 彼らにとって大学は遠過ぎるから。
(D) 彼らには十分な動機がないから。

**解説** ゲスト講演者を招待するという提案に対する男性の反応に注目します。キーワードはrural「田舎の，地方の」と「2，3時間のドライブ」です。つまり，遠いので招待された講演者は大変だ，という理由で男性は反対しています。(B) のaccommodateは「(宿泊施設などが) ～を収容できる」という意味なので，不正解です。正解 (C) のinstitutionは「機関」，つまりここでは大学を指します。

## 3. 解答 D

**訳** 質問：女性は競技について何と言っていますか。
(A) それらは女性の方が楽しめる。
(B) それらは答えを暗記するものである。
(C) それらは組織するのが難しい。
(D) それらは勉強と遊びを統合する。

**解説** 会話中盤で女性がcompetitionについて，a great way to combine fun and learning at the same time「遊びと勉強を同時に結びつけるいい方法だ」と言っていることから，正解は (D) と分かります。(D) のintegrateは「～を統合する，～を統一する」という意味です。

## 4. 解答 A

**訳** 質問：男性はおそらく次に何をしますか。
(A) 広告の案を作る。
(B) 部長にアドバイスを求める。
(C) ボウリング大会に参加する。
(D) 数学の宿題を提出する。

**解説** 会話の後の行動を予測する問題です。会話の最後で，男性が I'll draw up some sample flyers and submit them to the club advisers.「チラシのサンプルを書いて，クラブの顧問たちに提出する」と言っていることから，チラシの作成に取りかかるだろうと判断できます。正解 (A) では，sampleがdraft「下書きの」に，flyersがadvertisements「広告」にそれぞれ言い換えられています。

41

## Part B 会話パターン❷
# 学生同士の勉強や科目に関する会話

授業や課題，面白い学術的トピックに関して，学生2人が話し合います。話し方はカジュアルですが，授業で扱った重要な用語の説明をしたり，教授の発言内容を明確にしたりなど，やや高度な内容なので，展開に注意しましょう。

**例題** CD1 25～26

## Questions 5-8

Listen to a conversation between two students.

W : Hey Joshua, did you say you needed help on your paper? What is it about?　　　注目ポイント① 会話の目的

M : Well, it's about animal conservation. I've been reading a magazine article about endangered snow leopards. They live in high-altitude mountains, mostly in Asia.　　　注目ポイント② ユキヒョウの紹介と現状説明

W : How many are there left?

M : 7,000 would be optimistic, but it seems most experts think that there may be as few as 4,000 remaining.

W : That's a disappointing number! Why is it so low?

M : Well, there's hunting and damage to the area due to mining, but the largest contributing factor is food depletion, due to overgrazing by livestock.　　　注目ポイント③ 減少の理由

W : How does overgrazing happen?

M : The conditions in these Asian areas are often poor, so the farmers there typically cannot do sustainable farming. In other words, their livestock tend to eat an area's grass before it can grow back. This leaves little grass for local animals such as wild sheep or goats to survive on.

W : So let me guess, the snow leopards rely on eating these sheep and goats, right?

M : Yeah, exactly! So, um, actually, what I wanted to　　　注目ポイント④ 女性への質問

ask you about is climate change and how it might affect snow leopards, because I know that you took a lecture in Meteorology. I heard that the climate may become the biggest threat to them in the future.

W : Oh, that's simple. If the climate gets warmer, the snow will melt, and that will encourage people to migrate up the mountain to get more land, leaving less and less space for all the animals that live above.

注目ポイント⑤
質問に対する回答

**5.** **Question :** What are the speakers mainly discussing?
    (A) Increasing food sources for wild animals.
    (B) Methods to improve farming conditions.
    (C) Statistics about snow leopards in Asia.
    (D) Reasons for a decline of an endangered species.

**6.** **Question :** Why is the man asking for help from the woman?
    (A) He wants advice about which lecture to attend.
    (B) She is able to help him organize his paper.
    (C) She can tell him how to solve an environmental issue.
    (D) He needs more information to complete an assignment.

**7.** **Question :** What is the main cause for the low number of snow leopards?
    (A) Hunting.
    (B) Climate change.
    (C) Mining.
    (D) Lack of food.

**8.** **Question :** What does the woman imply about the climate?
    (A) The future climate could reduce the number of animals.
    (B) The current weather has vastly destroyed the snow leopards' land.
    (C) The climate can be easily controlled inside conservation facilities.
    (D) Mountains will be unaffected by climate change.

**訳** 2人の学生の会話を聞きなさい。

女性：ねえジョシュア，レポートを手伝ってほしいって言ってたわね？ 何についてなの？

男性：うん，動物保護についてなんだ。絶滅危惧種のユキヒョウについての雑誌の記事を読んでいるんだよね。ユキヒョウは主にアジアの高山に住んでいるんだ。

女性：何頭残っているの？

男性：楽観的に見て7,000頭だけど，専門家のほとんどはたった4,000頭しか残っていないと考えているようなんだ。

女性：それは嘆かわしい数字ね！ どうしてそんなに少ないの？

男性：そうだね，狩りと，採鉱が地域に与える害もあるんだけれど，最大の要因は家畜の過放牧による食料の枯渇なんだ。

女性：過放牧ってどうやって起こるの？

男性：これらのアジアの地域は貧しいことが多いんだ。だから，そこの農家たちはたいてい，持続可能な農業ができないんだ。つまり，彼らの家畜は，地域の草が元通りに伸びる前に食べてしまう傾向にあるんだね。その結果，野生のヒツジやヤギなどの土着の動物が生きていくための草がほとんど残らないんだよ。

女性：じゃあ，ちょっと当ててみるわよ。ユキヒョウはそうしたヒツジやヤギを食べて生きているということね？

男性：うん，まさにその通り！ だからその，実は僕が君に聞きたかったのは，気候変動についてと，それがユキヒョウにどういう影響を与え得るかってことなんだ。君が気象学の講義を受けたことを知っているからさ。将来は気候がユキヒョウにとって最も大きな脅威になるかもしれないって聞いたんだ。

女性：あら，それなら簡単よ。気候が温暖化すると雪が溶けて，それに促されて人間がもっと土地を得るために山の上の方に移住するから，上の方に住むすべての動物の場所がどんどん減るのよ。

## 5.　解答　**D**

**訳** 質問：話し手たちは主に何について話し合っていますか。

(A) 野生動物のために食料資源を増やすこと。
(B) 農業事情を改善する方法。
(C) アジアのユキヒョウに関する統計。
(D) ある絶滅危惧種の減少理由。

解説　会話全体の主旨を問う問題です。男性が動物保護，特にユキヒョウの減少についてレポートを書くために女性に情報を求めていることが会話冒頭から分かります。ユキヒョウの数に言及してはいますが，それが主旨ではないので (C) は不正解です。

## 6. 解答 D

**訳** 質問：男性はなぜ女性に助けを求めているのですか。
(A) 彼はどの講義に出席すべきかアドバイスがほしいから。
(B) 彼女は彼がレポートをまとめる手伝いができるから。
(C) 彼女は彼にどうすれば環境問題を解決できるかを教えられるから。
(D) 彼は課題を完成するのにもっと情報が必要だから。

解説 会話の目的を問う問題です。冒頭で「レポートを手伝ってほしい」、また中盤以降で what I wanted to ask you about is ～「君に聞きたかったのは～」と言っていることから、女性の助けを借りて課題をしようとしていることがうかがえます。(B) は organize「～をまとめる」の部分が不正解です。男性は情報が欲しいのであって、書く手伝いまでは頼んでいません。

## 7. 解答 D

**訳** 質問：ユキヒョウの数が少ない主な理由は何ですか。
(A) 狩り。
(B) 気候変動。
(C) 採鉱。
(D) 食料不足。

解説 会話中盤で男性が the largest contributing factor「最大の要因」は、「家畜の過放牧による食料の枯渇」だと述べています。livestock「家畜」が草を食べ過ぎることで野生のヒツジやヤギなどのエサがなくなって個体数が減少し、ヒツジやヤギを食料源とするユキヒョウも減少することが分かります。graze は「（家畜などが）牧草を食べる」という意味で、それに「～過ぎる」の意味を表す接頭辞 over- をつけることで「牧草を食べ過ぎる」という意味になります。

## 8. 解答 A

**訳** 質問：女性は気候について暗に何を言っていますか。
(A) 将来の気候が動物の数を減らす可能性がある。
(B) 現在の天候がユキヒョウの土地を広範囲に破壊している。
(C) 気候は保護施設内では簡単に制御できる。
(D) 山は気候変動の影響を受けないだろう。

解説 推測が要求される問題です。ここでは気候に関する女性の最後の発言を基に推測します。「温暖化が進む⇒雪が溶ける⇒土地を求めて人間が高地に移住する⇒動物が生活する土地が減る」という一連の流れから推測できるのは、(A) の「動物の数を減らす」です。(B) は current「現在の」とは述べられていないので、(C) は conservation facilities「保護施設」の話にはつながらないので、不正解です。

## Part B 会話パターン ❸
# 学生と教職員・講演者などとの会話

大学生活，課題，研究などについて，学生が教授や職員と話したり，学内外のイベントで講演者にインタビューしたりします。問題点，助言，学術用語の説明などに注意しましょう。

**例題**　CD1 27 ～ 28

## Questions 9-12

Listen to a conversation between a student and an advisor.

**W**: At the moment, I still don't know what I'll do after graduation. I mean, I'm still considering whether I should get a job or apply to grad school.

**M**: Well, regardless of what you choose, it's still important to build a successful résumé. Let's see what you have so far.　　注目ポイント① 会話の主旨

**W**: Here's my résumé, and my grades transcript so far.

**M**: OK. So, you're sailing through all your courses, and provided you carry on like this, you have the potential to do well when it comes to recruitment, but there's something important missing here.

**W**: Do you mean my work experience? I've only had a few summer jobs, I know.

**M**: Actually, more than that. It's your lack of extracurricular activities—that's the issue.　　注目ポイント② 課外活動が足りないという問題

**W**: Really? But I'm a junior now and my studies are my priority. They have been since I started.　　注目ポイント③ 問題に対する女性の主張

**M**: Amy, you need to realize that grades alone won't give an employer or grad school admissions officer any information about who you are as a person.

**W**: Oh. So you mean I should be doing something outside of academia?

**M**: Exactly. Even if you haven't chosen a career path yet, your engagement in areas you feel strongly　　注目ポイント④ 課外活動のメリット

about can transfer into real-life skills that will be attractive to employers.
W : I see. Actually, long-term, I'm interested in working in a managerial position.
M : So, I would advise that you start developing skills in that area by participating in activities where you can be a leader. It could be the head of a sports team or a drama club, but also volunteer work or something in the community like organizing a soup kitchen or taking charge of a charity event.
W : Those are great ideas. I'll drop in on a few groups and find one that best reflects who I really am.

**9.** Question : What are the speakers mainly discussing?
   (A) How to write a letter of introduction.
   (B) Ways to improve a résumé.
   (C) The importance of consistent grades.
   (D) The need for sufficient work experience.

**10.** Question : Why has the woman not participated in any extracurricular activities?
   (A) She has only just started college.
   (B) She has been putting her studies first.
   (C) She was waiting until she became a junior.
   (D) She had no prior knowledge about them.

**11.** Question : What does the man say about leadership skills?
   (A) They come from focusing on study.
   (B) Most people get them from drama clubs.
   (C) They can be gained by joining certain organizations.
   (D) Many do not acquire them until they are employed.

**12.** Question : What will the woman probably do next?
   (A) Lead a sports team to victory.
   (B) Take the lead in a charitable event.
   (C) Observe some college organizations.
   (D) Think carefully about her career aspirations.

**訳** 学生とアドバイザーの会話を聞きなさい。

女性：今のところ，卒業後に何をするかまだ分からないんです。つまり，就職すべきか大学院に出願すべきかまだ考えているんです。

男性：そうだね，何を選ぶにせよ，上手に履歴書を書き上げることが大切だね。今できているものを見せてもらおうかな。

女性：こちらが履歴書と今までの成績証明書です。

男性：はい。では，君は全講座を楽々とこなしていて，このまま行けば，就職ではうまくやれる能力があるということだけど，重要なことが抜けているね。

女性：就労経験のことですか。夏のアルバイトを何回かやっただけなんですよ。

男性：実はそれだけではないんだ。課外活動がないんだよね。そのことを言っているんだよ。

女性：本当ですか。でも私は今3年生で，勉強を優先しているんです。入学以来そうしています。

男性：エイミー，成績だけでは，雇用者や大学院の入試委員に君の人格についての情報は与えられないってことを理解する必要があるよ。

女性：ああ。つまり，学問以外にも何かしているべきだということですか。

男性：その通り。まだキャリアの道を選んでいないとしても，強い思い入れのある分野での活動は，実生活において役に立つスキルとなって，雇用者にとって魅力的になるかもしれないよ。

女性：分かりました。実は，長期的に見れば管理職として働くことに興味があるんです。

男性：では，君がリーダーになれるような活動に参加することで，その分野でのスキルを身につけ始めることをお勧めしますよ。スポーツチームや演劇部の部長でもいいし，貧困者向けの食糧配給を企画する，慈善活動を主導するなど，地域におけるボランティア活動か何かでもいいね。

女性：それは素晴らしい考えですね。いくつかグループをのぞいてみて，本当の私を一番うまく表すものを見つけます。

**9.** **解答** **B**

**訳** 質問：話し手たちは主に何について話し合っていますか。

(A) 紹介状の書き方。
(B) 履歴書を改善する方法。
(C) 成績レベルを保つことの重要性。
(D) 十分な就労経験の必要性。

解説　会話全体の主旨を問う問題です。会話の冒頭で女性が「卒業後に何をするかまだ分からない」と相談しているのに対して，アドバイザーは「上手に履歴書を書き上げることが大切だ」と述べ，女性の履歴書をいかに改善すべきかについて話を続けています。(D) の就労経験は会話の一部で触れられていますが，主旨ではありません。

## 10. 解答 B

訳　質問：女性はなぜ課外活動に参加してこなかったのですか。
(A) 彼女は大学に入ったばかりだから。
(B) 彼女は勉強を最優先してきたから。
(C) 彼女は3年生になるのを待っていたから。
(D) 彼女はそれらについて予備知識がなかったから。

解説　アドバイザーから課外活動について指摘された女性が，「私は今3年生で，入学以来，勉強を優先している」と述べていることから (B) が正解と分かります。(B) の put 〜 first は「〜を第1に考える」という意味です。(D) の no prior knowledge は「予備知識がない」という意味ですが，女性は課外活動について知らなかったわけではないので不正解です。

## 11. 解答 C

訳　質問：男性はリーダーシップのスキルについて何と言っていますか。
(A) 勉強に焦点を当てることで生まれる。
(B) ほとんどの人は演劇部で身につける。
(C) 特定の組織に加わることで得られる。
(D) 多くの人は雇用されるまで身につかない。

解説　後半でアドバイザーは，課外活動によって real-life skills「実生活において役に立つスキル」が得られると話しており，スポーツやボランティアでリーダーとしての経験を積むことを例として挙げています。(D) では，Many の後ろは，people が省略されています。acquire は「〜を習得する」という意味です。

## 12. 解答 C

訳　質問：女性はおそらく次に何をしますか。
(A) スポーツチームを勝利に導く。
(B) 慈善イベントを主導する。
(C) 大学の組織のいくつかを見学する。
(D) どんなキャリアを強く望んでいるか慎重に考える。

解説　会話の後の行動を推測する問題です。会話の最後のやりとりに注意しましょう。女性は「いくつかグループをのぞいてみる」と述べています。会話中の drop in「立ち寄る」が正解の (C) では observe「〜を見学する」と言い換えられています。(D) の aspiration は「熱望，願望」という意味です。

49

## 練習問題

CD1 29 〜 32

1. (A) To start her junior year a little later.
   (B) To alter her field of specialty.
   (C) To improve her sense of fashion.
   (D) To switch her assignment theme.

2. (A) She majored in nutrition in high school.
   (B) She has no interest in fashion.
   (C) She thinks it could lead to a more reliable job.
   (D) She took an interesting nutrition course.

3. (A) If any places remain open in the relevant courses.
   (B) Whether the student has taken all the required classes.
   (C) If the student can transfer her credits over.
   (D) Whether the signs have been put up correctly.

4. (A) Take an extra course over the winter.
   (B) Re-sit the previous semester.
   (C) Prepare to take extra courses.
   (D) Get a warning from her college.

5. (A) The woman's punctuality problems.
   (B) A college security alert.
   (C) The man's identity document.
   (D) A lost key card.

6. (A) His account needs to be reset.
   (B) He will not be able to borrow any books.
   (C) He received some unauthorized mail.
   (D) He remains logged on to the system.

7. (A) They often damage the college doors.
   (B) They may be impaired if put in water.
   (C) They can be replaced for free.
   (D) They contain magnets to enable swiping.

8. (A) She has not found it yet.
   (B) It is against college rules.
   (C) She will be using it soon.
   (D) It can only be exchanged later in the semester.

9. (A) The most appropriate topic for a paper.
   (B) Reasons for an unexpected trend.
   (C) Ways that women can improve their lives.
   (D) Data about their society's birthrate.

10. (A) Earning a living is a huge priority.
    (B) The birthrate has stayed the same for a long time.
    (C) Educated women do not have the time to have children.
    (D) Ambitious women care too much about their career advancement.

11. (A) Companies are allowing them to take maternity leave.
    (B) The divorce rate has decreased.
    (C) They make lots of money and then leave their jobs to become mothers.
    (D) Their jobs have become more secure.

12. (A) Childlessness has decreased by 30% over the last 20 years.
    (B) Childlessness has remained at 50% over the last 20 years.
    (C) Mothers are more likely to have at least two children than 20 years ago.
    (D) Mothers are twice as more likely to have at least one child than 20 years ago.

# CHAPTER 1

**Part B** 練習問題

| 解答・解説 |

## Questions 1-4  　CD1 29

Listen to a conversation between a student and a faculty member discussing a situation at college.

**W :** I know it's really late in the day for this, it being my first day as a junior, but ... is there any way I could switch my major from fashion to nutrition?

**M :** Those are very diverse subjects. Is there a particular reason why you chose fashion in the first place?

**W :** It was my default major as a freshman. I had excelled at art in high school and figured that that was the path I was going to take. But I've always had an interest in nutrition, and now I feel it would be less risky in terms of career security after I graduate.

**M :** I see. Well, you seem pretty determined to change and appear to have thought it through. First, we'd need to see if there are any nutrition classes still open and get you signed up right away.

**W :** Oh, I hope they are. I'm just worried that these past two years of fashion will have been wasted.

**M :** Not entirely. Your fashion credits can be used to fill your electives and you'll be able to use any general credits towards your nutrition major.

**W :** Really? I didn't think it would be so easy to do all this at this stage in my college life.

**M :** Well, I should warn you. Depending on course requirements, you may have to extend your time here by anything between one semester and an entire year. Be prepared to do a summer course, too, to make sure you're caught up.

**訳** 大学での状況について話し合っている学生と職員の会話を聞きなさい。

女性：こんな話をするにはもう本当に時間が遅いと思うのですが，3年生になって最初の日なので…，専攻をファッションから栄養学に何とか変更できる方法はありますか。

男性：その2つはとても離れた科目ですね。そもそもファッションを選んだ特別な理由はありますか。

女性：1年生の最初に設定した専攻だったんです。高校では芸術が得意で，それが私の進むべき道だと思っていました。ただ，ずっと栄養学に興味を持っていて，今では卒業してからの職業の安定という意味で，その方がリスクが少ないような気がするんです。

男性：なるほど。そうですね，変更の意志は固いようだし，しっかり考えたようですね。まず，栄養学のクラスにまだ空きがあるか調べて，すぐにあなたを登録する必要があります。

女性：ああ，あるといいのですが。ただ，ファッションを勉強したこの2年間が無駄になるのではないかと心配です。

男性：全部が無駄になるわけではありませんよ。ファッションの単位は選択科目に使えますし，一般の単位はどれも栄養学専攻に使えます。

女性：本当ですか。大学生活のこの段階でそんなに簡単にこんなことができるとは思っていませんでした。

男性：ただ，警告しておきますが，講座の要件によっては，1学期から丸1年の間で修学期間を延ばさないといけないかもしれません。間違いなく遅れを取り戻すために，夏期講座も受けるつもりでいてください。

**CD 1 30**

## 1.　解答　B

> **Question :** What is the student requesting?

### 訳

質問：学生は何を求めていますか。

(A) 3年生のスタートを少し遅らせること。
(B) 専門の分野を変更すること。
(C) ファッションセンスを磨くこと。
(D) 課題のテーマを変更すること。

### 解説

女性の最初の発言のis there any way I could switch my major ～?が主な要件。つまり，女性はmajor「専攻」を変更したいのである。選択肢では，(B) がこの内容に一致している。(D) は会話と同じswitchという動詞を用いた引っかけ。

## 2.　解答　C

> **Question :** Why does the student favor nutrition over fashion?

### 訳

質問：学生はなぜファッションよりも栄養学の方を好むのですか。

(A) 彼女は高校で栄養学を専攻したから。
(B) 彼女はファッションには興味がないから。
(C) 彼女はそれがもっと安定した職につながるかもしれないと考えているから。
(D) 彼女は興味深い栄養学の授業を受けたから。

### 解説

男性職員は最初の発言で，ファッションを選んだ理由を尋ねている。それに答えた後，女性はずっと栄養学に興味があり，it would be less risky in terms of career security「職業の安定という意味でリスクが少ない」と言っている。これをit could lead to a more reliable jobと言い換えた (C) が正解。

## 3. 解答 A

**Question :** What will the man have to confirm?

**訳**

質問：男性は何を確認しなければなりませんか。
(A) 関連する講座にまだ定員の空きがあるかどうか。
(B) 学生が必要な授業をすべて取っているかどうか。
(C) 学生が単位を移行できるかどうか。
(D) 掲示がきちんと張り出されているかどうか。

**解説**

学生の意志が固いことを確認した後、男性はFirst, we'd need to see if there are any nutrition classes still open「まず、栄養学のクラスにまだ空きがあるか調べる必要がある」と言っているので、(A)の内容と一致する。(C)については、男性は移行できるとその次に説明している。

## 4. 解答 C

**Question :** What might the student have to do?

**訳**

質問：学生は何をしなければならないかもしれませんか。
(A) 冬の間に追加の講座を取る。
(B) 前学期をやり直す。
(C) 追加で講座を受ける準備をする。
(D) 大学からの警告を受ける。

**解説**

男性の最後のyou're caught upは、「(勉強の)遅れを取り戻す」ということ。そのためには、修学期間を延ばしたり夏期講座を受けたりする必要があるかもしれないので、(C)の内容と一致する。(B)のre-sitは「〜を受け直す」という意味。sitは他動詞として「(試験)を受ける」という意味を表すことがある。

## Questions 5-8  [CD 1, 31]

Listen to a conversation between two students who are discussing a campus situation.

**W :** Are you OK? You've been late for so many labs and classes and all the tennis practices this week and you haven't been turning up for dinner until we're almost done!
**M :** I know! It's this Student ID card. I can't figure out what's wrong with it.
**W :** Have you spoken to Campus Security? They are the best people to consult with over that kind of issue.
**M :** I did. They confirmed that my Online Profile was active. It seems to be worse when I'm trying to get indoors. I used it OK in the library to check out books and when I was picking up some registered letters in the Mail Room.
**W :** That's strange. It must be some kind of problem with the swipe mechanism on the doors, then. You haven't damaged it in some way, have you? I heard that cards can be affected by magnets, scratches, bending, and washing.
**M :** None of those seem familiar ... oh wait, I may have forgotten to take it out of my jeans before I took them to the laundry room last week.
**W :** That could be why. But if it is, then you would be liable to pay for a new card and that costs $70, you know.
**M :** Oh no! I really wasn't banking on paying for a replacement so soon in the semester. In the meantime, I need to go back and get my racket from the tennis courts. Could I borrow your card to save time?
**W :** I'd like to help, but actually, card exchanges are prohibited. If we were to be found out, we'd both be in a lot of trouble.

🈑 キャンパスでの状況について話し合っている2人の学生の会話を聞きなさい。

女性：大丈夫？　今週はたくさんの実験と授業に遅刻して，テニスの練習には毎回遅れてきているし，みんながほとんど食べ終わるまで夕食にも現れないじゃない！

男性：分かってるよ！　この学生身分証のせいなんだ。何がおかしいのか分からないよ。

女性：キャンパス警備係に話をしてみた？　そういう類の問題に関してはあの人たちに相談するのが一番よ。

男性：話したよ。僕のオンラインプロフィールはちゃんと生きてるって確認してくれたよ。室内に入ろうとするときが特にひどいみたいなんだ。図書館で本を借りたときと，郵便室で書留郵便を受け取るときにはちゃんと使えたから。

女性：それは変ね。じゃあ，ドアについているスワイプする仕組みに何か問題があるに違いないわ。何かの形でカードを傷つけていないわよね？カードは磁石やひっかき傷，折り曲げ，洗濯で影響を受けることがあるって聞いたけど。

男性：そのどれも思い当たらないなあ…あ，待って，先週ジーンズを洗濯室に持って行く前に，カードを取り出すのを忘れたかもしれない。

女性：だからかもしれないわよ。でもそうだとしたら，新しいカードにお金を払う責任があって，それには70ドルかかるのよ。

男性：えっ，それは困るよ！　学期のこんなに初めの方で新しいカードにお金を払うなんて全然予想していなかったもの。さて，戻ってテニスコートから僕のラケットを取ってこなくちゃ。時間の節約のために君のカードを貸してもらえる？

女性：助けてあげたいけど，実はカードの交換は禁止されているのよ。見つかったら2人ともかなり困ったことになるわ。

## 5.　解答　C

**Question : What is the conversation mainly about?**

🗒 訳

質問：この会話は主に何についてですか。
(A) 女性の時間厳守についての問題。
(B) 大学の警備に関する警告。
(C) 男性の身分証明書類。
(D) キーカードの紛失。

|解説|
最初に女性は，男性が頻繁に遅刻することを指摘している。男性はそれに対して，自分の学生身分証に問題があると答えている。その後は具体的な問題や解決方法などについて話しているので，(C) が正解。遅れてくるのは男性であって女性ではなく，警備に問題があるわけでもなく，男性はカードをなくしたわけでもないので，ほかの選択肢は間違い。

## 6.　解答　D

**Question : What did the man learn from Campus Security?**

🗒 訳

質問：男性はキャンパス警備係から何を教えてもらいましたか。
(A) 彼のアカウントはリセットする必要がある。
(B) 彼は本を借りることができないだろう。
(C) 彼は認可されていない郵便を受け取った。
(D) 彼はシステムに変わらずログオンされている。

|解説|
女性が2番目の発言で，キャンパス警備係に問い合わせたかと質問したのに対して，男性はThey confirmed that my Online Profile was active.と答えている。つまり，オンラインのデータはきちんと機能していると言われたということなので，(D) が正解。

## 7. 解答 B

**Question : What is one thing the woman says about the cards?**

### 訳
質問：女性がカードについて言っていることの1つは何ですか。
(A) それはしばしば大学のドアに損傷を与える。
(B) それは水につけると機能しなくなることがある。
(C) それは無料で取り替えてもらえる。
(D) それにはスワイプできるように磁石が入っている。

### 解説
女性がカードについて述べているのは会話の中程。cards can be affected by magnets, scratches, bending, and washingと述べているので、正解は (B)。(C) は、交換には70ドル必要だと女性が言っているので不正解。

## 8. 解答 B

**Question : Why can the man not use the woman's Student ID?**

### 訳
質問：男性はなぜ女性の学生身分証を使えないのですか。
(A) 彼女はまだそれを見つけていないから。
(B) それは大学の規則に反するから。
(C) 彼女は間もなくそれを使うから。
(D) 学期の後半にしかそれを交換できないから。

### 解説
男性が女性にカードを貸してほしいと頼んでいるのは会話の最後。それに対して女性は、card exchanges are prohibitedと答えている。つまり、カードを交換することは禁じられているということなので、(B) が正解。

## Questions 9-12

Listen to a conversation between two students.

**M :** So Stacy, have you figured out what you're going to do for our sociology class?

**W :** Yes, Ron, I wanted to do a paper on the declining birthrate, but I read in our textbook that the rate of childbirth has been increasing for highly educated women. I never thought a development like this could happen. Why is that?

**M :** The simple answer is that they are just fulfilling the double standard of having to work and raise children.

**W :** I'm not so sure about that. Shouldn't making enough money come first, for both men and women? The lack of jobs and stable income is probably why the overall birthrate has been falling for years.

**M :** Yes, but remember that you specifically said "highly educated." How would you define it?

**W :** Perhaps it means women with master's degrees or higher, right?

**M :** Exactly, and recently, these women are becoming leaders and managers in their workplaces. Those kinds of jobs are accepting working mothers, which gives them the freedom to plan out their pregnancies without fear of losing their jobs. Also, their rates of marriage and income have been rising.

**W :** Do you know any statistics that I can use?

**M :** Actually, our professor gave me some facts from a national research center. Childlessness for these women has decreased from 30% to approximately 20% over the last 20 years, and if women become parents, they are about 60% more likely to have two children or more, as opposed to a 50% chance 20 years ago.

**訳** 2人の学生の会話を聞きなさい。

男性：それでステイシー，社会学のクラスで何をするか考えた？

女性：ええ，ロン，出生率の低下についてレポートを書きたかったのだけれど，教育程度の高い女性の出生率が上がってきているって私たちの教科書で読んだのよ。こんな展開があり得るとは思っていなかったわ。なぜなのかしら。

男性：単純な答えとしては，彼女たちは働きながら子育てをするっていうダブルスタンダードをこなしているだけだと思うな。

女性：私はそうとは思えないわ。男性にとっても女性にとっても，十分な収入を得ることがまず優先されるはずでしょう？ 仕事や安定した収入がないことが，おそらくここ何年も全体的な出生率が低下してきた理由よ。

男性：うん，でも君が「教育程度の高い」ってわざわざ言ったことを思い出してよ。それはどう定義するの？

女性：修士かそれ以上の学位を持っている女性のことじゃない？

男性：その通り。そして最近は，そういう女性が職場でリーダーやマネージャーになりつつあるんだ。そういった仕事では働く母親を受け入れていて，その結果彼女たちは失業の心配をせず妊娠を計画する自由を与えられてるんだ。それに，彼女たちの婚姻率と収入も増加しているんだ。

女性：私が使えるような統計を何か知っている？

男性：実は，僕たちの教授が国立研究センターからの情報を教えてくれたんだ。過去20年間でこういう女性が子供を持たない割合は30％からおよそ20％に減少していて，母親になると，2人以上の子供を持つ可能性が20年前の50％に対して約60％に増加しているんだよ。

CD1 34

## 9. 解答 B

**Question**: What are the speakers mainly discussing?

訳

質問：話し手たちは主に何について話し合っていますか。

(A) レポートに最も適切なテーマ。
(B) 予期しなかった傾向の理由。
(C) 女性が人生を改善できる方法。
(D) 彼らの社会の出生率についてのデータ。

解説

女性が社会学のクラスで取り上げるテーマが話し合われている。教育程度の高い女性の出生率が増加しているという話に女性は驚いており、男性が考えられる理由とそれに関連するデータを提供しているので、選択肢の中では (B) がこの内容と一致する。出生率のデータについても話しているが、それは話の中心ではない。

## 10. 解答 A

**Question**: Why is the woman confused about her textbook's findings?

訳

質問：女性は教科書に載っている調査結果についてなぜ混乱しているのですか。

(A) 生計を立てることが大きな優先事項だから。
(B) 長い間、出生率は同じままだから。
(C) 教育のある女性は子供を持つ時間がないから。
(D) 意欲のある女性はキャリアの向上を気にし過ぎるから。

解説

教育程度の高い女性の出生率が上がっているのはなぜかという女性の質問に、男性は「仕事と育児というダブルスタンダードをこなしているだけだ」と答えているが、女性はI'm not so sure about that.と言っている。この部分が「混乱している」に当たると考えられる。この後女性は、「十分な収入を得ることがまず優先されるはず」だと言っているので、選択肢の中では (A) が一致する。come firstは「最初に来る」、つまり「優先される」という意味。

## 11. 解答 D

**Question**: Which of the following is mentioned by the man as the current situation for highly educated women?

### 訳
質問：次のうち，教育程度の高い女性の現況であると男性が言及しているのはどれですか。
(A) 会社が彼女たちに出産休暇を与えている。
(B) 離婚率が下がった。
(C) 彼女たちはたくさんの収入を得た後，仕事を辞めて母親になる。
(D) 彼女たちの仕事がもっと安定してきた。

### 解説
男性が教育程度の高い女性の実情について述べているのは，Exactly で始まる発言である。そのような女性が活躍している職場では，女性は職を失う心配をせずに出産できると言っているので，(D) の内容と一致する。(A) のように産休を与えている，(C) のように彼女たちが仕事を辞めるとは言っていない。

## 12. 解答 C

**Question**: Which of the following is true for highly educated women?

### 訳
質問：教育程度の高い女性について，正しいのは次のうちどれですか。
(A) 過去20年間で子供がいない割合は30％下がった。
(B) 過去20年間で子供がいない割合は50％のままだった。
(C) 20年前に比べて，母親が最低2人の子供を持つ可能性は高い。
(D) 20年前に比べて，母親が少なくとも子供を1人持つ可能性は倍になった。

### 解説
男性は最後の発言で，教授から得た情報を説明している。それによると，子供のいない女性の割合は from 30% to approximately 20%「30％からおよそ20％に」下がったということなので，(A) は不正解。子供を2人以上持つ可能性は，20年前は50％だったが，約60％に増加したということなので，(C) の内容と一致する。

## 攻略ポイント
# Part C 講義問題

　Part Cは，3つの講義で構成されます。話者は1人で，通常は大学教授が教室で講義する設定です。時には，博物館や美術館，国立公園などキャンパス外で，ガイドが説明や案内をする場合もあります。トピックは人文学，生命科学，社会科学など，多岐にわたります。

## 問題形式

- **問題数**　通常12問（講義1題につき約4問ずつ）
- **形式**　教授または外部講師による1〜2分程度の講義を聞き，その後に読み上げられる質問に対して，4つの選択肢から解答を1つ選ぶ。
- **講義の長さ**　約200〜300語程度
- **解答時間**　13秒

## Part C 攻略のアドバイス

　Part Cを理解する上で一番重要なのは，「Readingのパッセージを理解するように論理立てて聞く」ということです。そのためには，講義全体がどのような構成・展開になっているかを把握することが大事です。また基礎的な学術用語（例:光合成，蒸発，地球温暖化など）を覚えることも，理解度を上げるために必要です。

### Part Cの典型的な構成・展開と注意点

**分類・対比**
対照的なアイデアや事象がどのように比較されているのか，それぞれの特徴が何か，相違点は何か，などに注意しながら，頭の中で表を完成させるイメージで聞きましょう。

**時系列・順番**
事象の変化や推移を追っていく展開です。実験などの細かい手順の場合もあれば，歴史のように年代を追っていくものもあります。いずれにしても，順番を示す転換語（First, Nextなど）に気を付けながら聞きましょう。

**因果関係**
ある事象が何によって，どのように引き起こされるのかに注意します。またその結果どのような影響が出たのか，最後まで追うように心がけましょう。

**抽象→具体**
漠然とした考えや事象が最初に説明され，その後，より具体的な例示が続きます。具体例を理解できれば，抽象的な部分を理解できることもしばしばあります。

## 講義のトピック

- **科学**
  例：「月の誕生に関するさまざまな説」
- **芸術・人文学**
  例：「写真家スティーグリッツの撮影手法」
- **歴史**
  例：「ネイティブアメリカン部族の歌がどのように継承されていったか」
- **ビジネスと社会科学**
  例：「問題を効率的に解決するための３種類の知的モデル」
- **テクノロジー**
  例：「宇宙服開発のためのNASAの技術」

## 質問のタイプ

- **主旨を問うもの**
  What is the talk mainly about?
- **理由を問うもの**
  Why does the professor discuss 〜?
- **詳細を問うもの**
  What might have caused 〜? / What happened in 1930? / How did 〜 occur?
- **意見を問うもの**
  What does the professor say about 〜?
- **推測を必要とするもの**
  What can be inferred about the subway system in New York in the early 1930s?

### 本書で学習する講義パターン

講義パターン１ ▶ 科学の講義
講義パターン２ ▶ 芸術・人文学の講義
講義パターン３ ▶ ビジネスと社会科学の講義

# Part C 講義パターン ❶
# 科学の講義

科学全般から出題されます。自然現象の原因，結果，プロセス，問題点などについて，具体的な例や情報を交えながら教授が講義します。詳細と同時に講義の全体的な流れを把握しましょう。

### 例題　CD1 35～36

## Questions 1-4

Listen to a talk about the moon given by a professor.

　Many of you are most likely familiar with the phrase "the dark side of the moon". It refers to the side of the moon that we cannot see from the Earth. Does that mean it is always covered in darkness? The answer to that question is no. The next logical question is why only one side of the moon is visible from the Earth. If you guessed that it is because the moon doesn't rotate, you have guessed wrong. The moon does rotate, but it does so very slowly. In fact, it takes the moon around 27 Earth days to make one rotation. The moon used to rotate much faster, but over millions of years its rotation was gradually slowed by the Earth's gravity.

　The moon's slow rotation, the Earth's speedy rotation, and the moon's orbit around the Earth combined are the reasons we only see half of the moon. Actually, we can see more than half of the moon from the Earth—up to 59%. As I mentioned earlier, the dark side of the moon is not perpetually covered in darkness. It is merely because of the moon's orbit and slow rotation speed that we never get to see the other side of the moon even when it is covered in sunlight. The dark side of the moon has only been seen in photos taken by unmanned spaceships and with the naked eye by the

注目ポイント①
直前に出た用語の説明・定義

注目ポイント②
疑問点1とその答え

注目ポイント③
疑問点2

注目ポイント④
月の自転についての説明

注目ポイント⑤
疑問点2に対する答えのまとめ

注目ポイント⑥
疑問点1に対する答えのまとめ

Apollo astronauts.

1. **Question :** What is the talk mainly about?
   (A) Why the moon's rotation is so slow.
   (B) Why we only see one side of the moon.
   (C) The first men to visit the dark side of the moon.
   (D) How much of the moon we actually see.

2. **Question :** What can be inferred about the moon and its rotation?
   (A) It is a common belief that the moon does not rotate.
   (B) It used to take the moon over 30 days to make a rotation.
   (C) The moon has affected the speed of the Earth's rotation.
   (D) The moon has been in rotation for approximately a million years.

3. **Question :** What happened to the moon over a long period of time?
   (A) It became dark on one side.
   (B) It drew closer to the Earth.
   (C) It has been affected by the Earth's rotation.
   (D) Its speed of rotation changed.

4. **Question :** What does the professor say about the dark side of the moon?
   (A) It is an unsolved mystery.
   (B) It has only been seen by a few people.
   (C) It only existed in the past.
   (D) It is very different from the other side.

🔖 月に関する教授の話を聞きなさい。

　皆さんの多くは「月の裏側」という言葉を知っているでしょう。それは地球からは見ることができない側の月のことです。それなら、そこは常に暗闇に覆われているのでしょうか。その疑問に対する答えはノーです。当然次の疑問は、なぜ地球からは月の片側しか見ることができないのかということです。月が自転していないからだと思ったなら、それは間違いです。月は自転しています。しかしその自転はとてもゆっくりです。何しろ、月が1回自転するには地球日の約27日かかります。昔はもっと速く自転していたのですが、何百万年もの間に、地球の引力によって月の自転は徐々に遅くなりました。

　月の遅い自転、地球の速い自転、月が地球を回る軌道、これらの複合的な理由により、私たちは月の半分しか見ることができないのです。実は、私たちは地球から月の半分以上、59%まで見ることができます。すでに言いましたが、月の裏側は永遠に暗闇に覆われているわけではありません。月の反対側が日の光を浴びているときでも決して見ることがかなわないのは、単に月の軌道と遅い自転速度が原因なのです。月の裏側はこれまで無人宇宙船が撮影した写真でしか見ることができず、肉眼で見たのはアポロ宇宙船の飛行士たちだけです。

## 1. 解答 B

🔖 質問：この話は主に何についてですか。
- (A) 月の自転はなぜそれほど遅いのか。
- (B) 私たちはなぜ月の片側しか見えないのか。
- (C) 月の裏側を初めて訪れた人間。
- (D) 私たちが実際に見える月の割合。

解説 　講義の主旨を問う問題です。注目ポイントからも分かるように、全体を通して「なぜ月の反対側が見えないのか」という謎を解明する流れになっています。(A) と (D) に関しては言及されていますが、あくまでも詳細の一部であって全体の主旨にはなり得ません。

## 2. 解答 A

🔖 質問：月と月の自転について推測できることは何ですか。
- (A) 月は自転していないと一般に考えられている。
- (B) 月は自転するのにかつては30日以上かかっていた。
- (C) 月は地球の自転の速度に影響を与えた。
- (D) 月はおよそ100万年にわたって自転している。

解説 　月の自転について推測されることが問われています。第1段落で If you guessed that it is because the moon doesn't rotate, you have guessed wrong.「(月の片側しか見えないことは) 月が自転していないからだと思ったなら、それは間違いです」と指摘されていることから、一般的にはよくそう思われることが示唆されています。地球の引力が月

の自転に影響を与えたので，(C) は間違いです。

## 3. 解答 D

**訳** 質問：長期間の間に月には何が起こりましたか。

(A) 片側が暗くなった。
(B) 地球により近づいた。
(C) 地球の自転に影響を受けている。
(D) 自転速度が変化した。

**解説** 昔と比べて月はどう変わったかについて問われています。質問文の over a long period of time は，講義では第1段落最終文で over millions of years と表現されています。「地球の引力によって月の自転は徐々に遅くなった」と説明されているので，(D) が正解です。(B) の drew は draw「近づく」の過去形です。

## 4. 解答 B

**訳** 質問：教授は月の裏側について何と言っていますか。

(A) 未解決の謎だ。
(B) わずかな人間しか見ていない。
(C) 昔存在しただけだ。
(D) 反対側とは全く異なる。

**解説** 月の裏側が講義の主題ですから，教授はさまざまなことを言っています。選択肢の中で該当するのは，最後に言っている「肉眼で見たのはアポロ宇宙船の飛行士たちだけ」を言い換えた (B) です。教授は最初に2つ疑問を投げかけていますが，いずれについても明快に説明しているので，「未解決の謎」ではありません。

# Part C 講義パターン ❷
# 芸術・人文学の講義

美術，音楽，文学，女性学などのトピックでは，作品や作家の功績，特徴的な点について説明されます。また美術史などでは，ある思考やスタイルがどのように変遷していったかなども説明されます。

**例題**  CD1 37 〜 38

## Questions 5-8

Listen to a professor talk about gender equality in TV and the movies.

　Although we know that women perform important roles both in front of and behind the camera in Hollywood, the overwhelming number of lead acting roles and important positions such as director, writer, or producer still go to men. Recent studies show that the numbers have not changed much since 1997. Listen to this. In 1997, women made up 21 percent of the staff of TV shows. Today, those numbers are a slight improvement of 27 percent for women. In almost 20 years we've only seen a 6 percent improvement. The same goes for the movies. Can you believe that men direct 96 percent of all movies? Each year, women only direct 4 percent of the movies that we watch.

　There does seem to be more awareness of the problem in the media. However, knowing there is a problem doesn't really lead to solving the problem. One thing that does seem to have an effect is that when women are in positions of power such as executive producer, there tends to be more female directors, writers, characters, etc. as staff and cast on those shows. Researchers say this is not necessarily because women purposely hire more women. The more likely reason

注目ポイント①
主要な地位に女性が少ない，という問題提起

注目ポイント②
統計を用いて，女性の少なさを例示，補足説明

注目ポイント③
女性が主要な地位を占めるのはどのような場合かの説明

is that people naturally tend to hire people who are similar to themselves in background and experience. That makes sense, right? Maybe what's happening in Hollywood is that people don't mean to discriminate but are simply choosing to work with people who are similar to themselves.

> 注目ポイント ④
> 女性が女性を雇う理由

**5.** **Question** : What is the talk mainly about?
  (A) Why gender inequality occurs in the film industry.
  (B) Improvements in the hiring of women over the past 20 years.
  (C) Why some women feel discriminated against in Hollywood.
  (D) How men in Hollywood can get promoted faster than women.

**6.** **Question** : Why does the professor bring up statistics comparing today with 20 years ago?
  (A) To show that the gap between men and women is much smaller today.
  (B) To show how little things have improved over the years.
  (C) To show that the gap is smaller in film than in TV.
  (D) To show that today men are increasingly discriminated against.

**7.** **Question** : What is one factor that closes the gender gap?
  (A) Increasing media awareness programs.
  (B) Spending more money on shows.
  (C) Putting more women in decision-making positions.
  (D) Studios promising to hire a certain number of women.

**8.** **Question** : What can be inferred about the women working in the film industries?
  (A) They are better qualified than their male counterparts.
  (B) Given the choice they like to work with other women.
  (C) Their position has improved significantly over the last 10 years.
  (D) Many of them find the lack of opportunities overwhelming.

**訳** 教授がテレビと映画界での男女の平等について話すのを聞きなさい。

　ハリウッドではカメラの前でも後ろでも，女性が重要な役割を担っていることは知られていますが，圧倒的な数の主役，そして監督，脚本家，プロデューサーのような重要な地位に就くのはいまだに男性です。最近の調査で，その数値は1997年からあまり変わっていないことが分かっています。これをよく聞いてください。1997年には，女性はテレビ番組のスタッフの21パーセントを占めていました。今日，この数字はやや上向き，女性は27パーセントです。20年近くたって，わずか6パーセントしか改善されていません。映画界でも同じです。映画全体の96パーセントを男性が監督しているなんて信じられますか。毎年，女性が監督するのは，私たちが見る映画のたった4パーセントなのです。

　メディア業界ではこの問題に対する認知度がもっと高いようです。しかし，問題の存在を知っていることが，実際に問題の解決につながるわけではありません。明らかに効果があると思われることの1つは，女性が製作責任者のような強い立場にある場合，番組にはスタッフやキャストとして女性の監督や脚本家や役者などの数がより多い傾向にあることです。研究者は，これは必ずしも女性が意図的に女性を多く採用するからではないと言います。もっと信憑性の高い理由は，人は本来，バックグラウンドや経験が自分と似た人を雇う傾向があるというものです。これは納得できますよね。もしかすると，ハリウッドで起きているのは，差別するつもりはなくて，単に自分と似た人たちと一緒に仕事をすることを選んでいるということなのかもしれません。

## 5.　解答　**A**

**訳** 質問：この話は主に何についてですか。

(A) 映画界で男女不平等が起こる理由。
(B) 過去20年における女性雇用の改善。
(C) ハリウッドで一部の女性が差別を感じる理由。
(D) いかにハリウッドの男性が女性よりも早く昇進できるか。

**解説** 講義の主旨を問う問題です。全体の流れを聞くと，映画とテレビ界で主要な地位に就く女性の数が少ないのはなぜかをテーマに話が展開していることが分かります。(C) は一見正解に見えますが，「女性が感じる差別の理由」ではなく，あくまでも「業界全体の不平等について」がテーマです。

## 6.　解答　**B**

**訳** 質問：教授はなぜ現在と20年前を比較した統計を取り上げているのですか。

(A) 今日では男女間の格差がずっと縮まったことを示すため。
(B) 年月を経ても事態がほとんど改善していないことを示すため。
(C) テレビ界よりも映画界の方が格差が小さいことを示すため。
(D) 今日では男性がますます差別されていることを示すため。

**解説** 20年前のデータと比較する意義が問われています。第1段落中盤で「20年近くたって、わずか6パーセントしか改善されていない」と言っていることから、昔も今もテレビや映画界で活躍する女性の状況があまり変わっていないことを強調するためであることが分かります。

## 7. **解答** C

**訳** 質問：男女間の格差をなくす1つの要素は何ですか。
(A) メディアに対する意識を高める番組を増やす。
(B) 番組にかける資金を増やす。
(C) より多くの女性を意思決定ができる地位につける。
(D) 撮影所が一定数の女性を雇用することを約束する。

**解説** 講義の後半 One thing that does seem to have an effect is ～以降から、女性が製作責任者のような上の立場にいると、女性スタッフやキャストが増えることが分かります。(C) の decision-making positions とは「意思決定ができる地位」、つまり重要なポジションを指します。

## 8. **解答** B

**訳** 質問：映画界で働く女性について推測できることは何ですか。
(A) 女性は男性よりも適任である。
(B) 選択できるのであれば、女性はほかの女性と働くことを好む。
(C) 女性の立場は過去10年において大きく改善した。
(D) 女性の多くは機会が欠如していることに困惑している。

**解説** 講義の後半で、女性が重要な役職に就くと、ほかの女性をスタッフに雇うことが説明されていますが、それはバックグラウンドや経験が似た人と働きたいからです。ここから推測すると、(B) が一番論理的です。選択肢中の Given the choice は、If they are given the choice「選択肢があるのなら」の略です。

## Part C 講義パターン❸
# ビジネスと社会科学の講義

最近の大学のカリキュラムを反映するように，経済，ビジネス，マーケティングといった現代的なトピックからも出題されます。身近な具体例を思い浮かべながら講義を聞くことで，一層理解を深めることができるかもしれません。

### 例題 CD1 39〜40

## Questions 9-12

Listen to a professor talk about private sector space exploration.

Since the 1960s, human exploration of space has mostly been a government-led venture. During the Cold War, the space race was fueled by competition between the U.S. and the Soviet Union. Then after the Cold War, space projects such as the International Space Station became mainly based on cooperation between governments. But if you've been paying attention to the news, then you'd know that there have also been many private parties getting into space exploration. It used to be only governments that had the money and resources to build rockets, get us to the moon, or to put space stations into Earth's orbit. Nowadays, as advanced technology is more available to the private sector than ever before, wealthy and innovative individuals and groups are figuring out cheaper and better ways to get into space.

One way to encourage space development is by setting up prizes to fund those with the best ideas and implementation. For example, the X Prize Foundation awarded 10 million dollars to the team that could build and send a spaceship into space—100 kilometers up—and back, not once but twice within two weeks. Another novel idea is Mars One. Mars One is a privately run, crowdfunded project to send a colony to Mars by

注目ポイント①
これまでの政府主導による宇宙開発に関する説明

注目ポイント②
最近見られる変化
＝民間参入

注目ポイント③
民間参入の背景にある要因

注目ポイント④
民間参入の例1：
賞金を授与

注目ポイント⑤
民間参入の例2：
ユニークな資金調達アイデア

2027. **Arguably the most successful private sector space company so far is SpaceX.** Its Dragon spacecraft has achieved sending supplies to the International Space Station. Private space exploration is still getting started, but what these private sector space endeavors have in common is that they are opening space up by lowering costs and making space travel more accessible to more people.

注目ポイント⑥
民間参入の例3：
最も成功している
企業

**9. Question :** What is the talk mainly about?
   (A) The beginning of the space race.
   (B) Why the private sector will get to Mars first.
   (C) How the non-governmental parties are changing space exploration.
   (D) Which company will be the first to offer space vacations.

**10. Question :** Why does the professor mention the Cold War and the International Space Station?
   (A) To show why private space exploration will not succeed.
   (B) To show that governments have long dominated space exploration.
   (C) To give examples of how companies can get to Mars.
   (D) To show that only governments have the resources for space.

**11. Question :** What is the reason mentioned as to why private companies are getting into space?
   (A) There is financial and technological support from governments.
   (B) Billionaires have cooperated to fund projects.
   (C) Space technology has become more accessible.
   (D) The market is demanding safe and cheap space travel.

**12. Question :** What can be inferred about the Dragon spacecraft of SpaceX?
   (A) It has coordinated with an existing space station.
   (B) It is a government-funded spaceship that has found success.
   (C) It has allowed the company to receive a huge reward.
   (D) It will be the first spacecraft to form a settlement on Mars.

🈑 教授が民間企業による宇宙開発について話すのを聞きなさい。

　1960年代以来，有人宇宙探査はほとんど政府主導の事業でした。冷戦時代には，宇宙競争は米ソ間の競争により加熱しました。そして冷戦終結後，国際宇宙ステーションのような宇宙計画は主に政府間の協力に基づくようになりました。でも，ニュースに注意を払ってきた人なら，宇宙探査には多くの民間企業も参入してきたことを知っているでしょう。ロケットを作ったり，私たちを月まで運んだり，宇宙ステーションを地球の軌道に乗せたりするお金と資源を持っていたのは，以前は政府だけでした。近ごろは，民間企業はこれまで以上に先端技術を利用することができるので，個人や集団でも裕福で革新的な人たちは，宇宙に行くのにもっと安くもっと優れた方法を考え出しています。

　宇宙開発を推進させる方法の1つは，賞を設けて，アイデアや実行が一番優れた人に資金を与えることです。例えば，Xプライズ財団は，宇宙船を製造して打ち上げ，2週間以内に1度ではなく2度，高度100キロまで行って戻ってこられるチームに1千万ドルの賞金を出しました。もう1つの斬新なアイデアはマーズワンです。マーズワンは民間が運営するクラウドファンディングによるプロジェクトで，2027年までに火星に移住者を送ろうというものです。おそらく，これまでで最も成功している民間の宇宙企業はスペースXでしょう。そのドラゴン宇宙船は国際宇宙ステーションに物資の輸送を行っています。民間の宇宙探査はまだ始まったばかりですが，このような民間企業による宇宙への挑戦に共通しているのは，コストを下げてより多くの人々が宇宙旅行できるようにすることによって，宇宙への道を切り開いていることです。

## 9. 解答 C

🈑 質問：この話は主に何についてですか。

(A) 宇宙競争の始まり。
(B) なぜ民間企業が最初に火星に到達することになるのか。
(C) いかに非政府関係者が宇宙探査に変化をもたらしているか。
(D) どの企業が最初に宇宙での休暇を提供するか。

解説 講義の主旨を問う問題です。冒頭では，かつては政府だけが携わっていた宇宙開発に，民間企業も参入できるようになったことが説明されています。さらに後半で，民間参入の具体的な例を3つ挙げていることからも，宇宙開発における変化が分かるので，(C) が正解です。

## 10. 解答 B

訳　質問：教授はなぜ冷戦と国際宇宙ステーションに言及しているのですか。
(A) なぜ民間企業の宇宙探査が成功しないかを示すため。
(B) 長年，政府が宇宙開発を独占してきたことを示すため。
(C) 企業がどのように火星に到達できるかの例を挙げるため。
(D) 宇宙目的の資源を有するのは政府だけだということを示すため。

解説　冒頭で「宇宙探査はほとんど政府主導の事業だった」と述べられています。その例として，冷戦期は「宇宙競争は米ソ間の競争により過熱した」こと，国際宇宙ステーションについては mainly based on cooperation between governments「主に政府間の協力に基づく」ことを説明しているので，(B) が正解です。

## 11. 解答 C

訳　質問：民間企業が宇宙に参入している理由として言及されていることは何ですか。
(A) 政府からの財政面，技術面での支援がある。
(B) 億万長者たちが事業に資金を出すことに協力した。
(C) 宇宙技術がより入手しやすくなった。
(D) 市場では安全かつ安価な宇宙旅行が求められている。

解説　講義の中盤，Nowadays 以降で，先端技術が利用可能になったことが，民間人が参入できるようになった理由として挙げられています。available が正解の (C) では accessible と言い換えられています。(B) は一見正解に思えますが，お互いに協力しあったとは講義では言っていません。

## 12. 解答 A

訳　質問：スペース X のドラゴン宇宙船について推測できることは何ですか。
(A) それは既存の宇宙ステーションと連携した。
(B) それは政府が出資する宇宙船で，成功を収めている。
(C) それはその企業が巨額の報酬を受けることを可能にした。
(D) それは火星に入植地を作る最初の宇宙船となる。

解説　Arguably 以降の内容から，スペース X が非常に成功していること，国際宇宙ステーションに物資を運んだことが分かります。ドラゴン宇宙船が，国際宇宙ステーションと連携したということなので，(A) が正解です。火星移住とスペース X の関係については話に出てこないので，(D) は不正解です。

## 練習問題

CD 1  41 ～ 44

1. (A) That babies learn language in the womb.
   (B) That newborn babies sound like their parents.
   (C) That parents need to be careful about sounds.
   (D) That babies use crying to connect to their mothers.

2. (A) To explain that babies are protecting themselves.
   (B) To explain that dogs have a strong effect on babies.
   (C) To explain that unborn babies are learning sounds.
   (D) To explain that babies have exceptional memories.

3. (A) They compared newborns with toddlers.
   (B) They noticed that their pitches are different.
   (C) They surveyed German and French parents.
   (D) They asked parents to pick out their babies' cry.

4. (A) To protect themselves from loud, unwanted noises.
   (B) To have a closer relationship with their parents.
   (C) To recognize their parents amongst a group of adults.
   (D) To more quickly learn to speak their parents' language.

**5.** (A) Why diamonds are rare.
(B) Why the best diamonds come from the mantle.
(C) How diamonds are created.
(D) The best way to produce diamonds.

**6.** (A) To explain why diamonds are so valuable.
(B) To explain why diamonds are so strong.
(C) To explain why diamonds could not have come from coal.
(D) To explain why diamonds are difficult to find.

**7.** (A) Extreme pressure.
(B) Volcanic eruption.
(C) Time.
(D) Oxygen.

**8.** (A) They were brought up by eruptions.
(B) They shifted because of earthquakes.
(C) They rose with the oceans.
(D) They were revealed as the surface eroded.

9. (A) Steps universities are taking to protect the humanities.
   (B) The push in education to focus on science and tech.
   (C) Why prestigious universities are promoting the humanities.
   (D) The effect education rankings have on universities.

10. (A) A report showing that specialization is better than generalization.
    (B) A belief that the economy is becoming more tech-oriented.
    (C) An agreement by governments to push for science education.
    (D) A move by universities to eliminate all humanities courses.

11. (A) It gives students more job options.
    (B) It makes it easier to enter top ranking universities.
    (C) It improves international test scores.
    (D) It makes students more creative.

12. (A) They are not a good indicator of a country's economic position.
    (B) They are becoming increasingly more important in a global economy.
    (C) High level universities are using them to evaluate students.
    (D) They are the best way to test students' technical skills.

# CHAPTER 1

**Part C** 練習問題

| 解答・解説 |

## Questions 1-4 　CD1 41

Listen to a professor talk about babies and learning.

　　Today's topic is about babies and learning. Specifically, are babies learning anything in those many months they spend in their mothers' wombs before they are born? Well, it turns out that babies can hear and learn quite a lot while inside mom's belly. While still fetuses, babies can become familiar with their parents' voices and even the barking of the family dog. That might explain why newborn babies are often unafraid of their furry family member. Another thing they seem to pick up from their parents is crying with the same accent. According to one study that compared German babies with French babies, the German babies cry with a German accent and French babies with ... you guessed it ... a French one. Apparently, this happens right when the babies are born, so they're obviously picking up their parents' accent while still inside mommy. So, while babies in the womb can't see much, they can hear what's going on in the outside world and are affected by it.

　　What researchers of this study found was that German babies start off strong but drop the pitch of their cries at the end. This is in line with the way German speakers often lower their pitch at the end of sentences. French speakers, on the other hand, do the opposite and so do their babies. The question is why do babies do this and is it of any importance? Most likely babies imitate their mothers as a way of creating a closer connection and bonding. We can see why this is important to a baby's survival and well-being. It also probably tells us that babies are affected by sound early on and that parents should be careful to avoid exposing their unborn baby to negative sounds such as yelling.

**訳** 教授が赤ちゃんと学習について話すのを聞きなさい。

　今日のテーマは赤ちゃんと学習についてです。特に，赤ちゃんは産まれる前，母親の子宮の中で何ヵ月も過ごす間に何か学んでいるのでしょうか。そうですね，赤ちゃんはお母さんのお腹の中にいる間，かなり多くのことを聞いたり学んだりできることが明らかになっています。まだ胎児の間に，両親の声やペットの犬が吠える声までもよく分かるようになるのです。新生児が毛だらけの家族を怖がることがあまりないのは，そのせいかもしれません。もう1つ，赤ちゃんが親から身に付けると思われるのは，同じアクセントで泣くことです。ドイツの赤ちゃんとフランスの赤ちゃんを比較したある研究によると，ドイツの赤ちゃんはドイツ語のアクセントで泣き，フランスの赤ちゃんは…分かったでしょう…フランス語のアクセントで泣きます。どうやらこれは赤ちゃんが産まれる瞬間に起きることなので，明らかにまだお母さんのお腹の中にいる間に，両親のアクセントを習得しているのです。ですから，子宮の中の赤ちゃんはあまり目が見えませんが，外の世界で起きていることを聞くことができ，その影響を受けているのです。

　この研究をした研究者たちが発見したのは，ドイツの赤ちゃんが初めは強く，最後は下げ調子で泣くことです。これはドイツ語を話す人が，よく文の最後でイントネーションを下げるのと一致します。他方，フランス語を話す人は逆のことをしますが，赤ちゃんも同じです。疑問なのは，赤ちゃんがなぜこのようなことをするのか，それは重要なことなのかということです。おそらく，赤ちゃんはより密接な関係や絆を築く方法として母親の真似をするのでしょう。赤ちゃんが生き残り健康であるためになぜこれが重要なのか，私たちは理解できます。赤ちゃんが早くから音の影響を受けること，そして生まれてくる赤ちゃんが叫び声のようなひどい音を聞くことがないように親は気をつけるべきだということも私たちに教えてくれるでしょう。

## 1. 解答 B

**Question :** What is the talk mainly about?

### 訳

質問：この話は主に何についてですか。
(A) 赤ちゃんは子宮の中で言語を学習すること。
(B) 新生児の発声は親に似ていること。
(C) 親は音に注意を払わなければならないこと。
(D) 赤ちゃんは母親とつながるために泣き声を用いること。

### 解説

テーマは赤ちゃんと学習で，具体的には胎児の学習能力についてである。胎児は親の声やペットの吠え声を認識できる以外に，親の話し方と同じアクセントで泣くことが取り上げられている。さらに，それに関する研究者の発見や考察についても言及されているので，(B) が正解。(C) と (D) についても言及されているが，主な話題ではない。

## 2. 解答 C

**Question :** Why does the professor mention that babies can recognize a dog bark?

### 訳

質問：教授が赤ちゃんは犬の吠え声を認識できると言及しているのはなぜですか。
(A) 赤ちゃんが自分を守っていることを説明するため。
(B) 犬が赤ちゃんに強い影響を与えることを説明するため。
(C) 胎児が音を学習していることを説明するため。
(D) 赤ちゃんには並外れた記憶力があることを説明するため。

### 解説

胎児の学習能力についてすでに明らかになっていることとして，babies can hear and learn quite a lot while inside mom's belly「赤ちゃんはお母さんのお腹の中にいる間，かなり多くのことを聞いたり学んだりできる」と言っている。続けてその具体例として，「両親の声やペットの犬が吠える声までもよく分かるようになる」とあるので，(C) が正解。

## 3.　解答　B

**Question :** Why do scientists know that German and French babies cry differently?

🔖 **訳**

質問：科学者はなぜドイツとフランスの赤ちゃんの泣き方が違うと知っているのですか。
(A) 彼らは新生児と歩き始めの子供を比較したから。
(B) 彼らはドイツとフランスの赤ちゃんの声の高さが異なることに気づいたから。
(C) 彼らはドイツとフランスの親を調査したから。
(D) 彼らは親に自分の赤ちゃんの泣き声を聞き分けるよう頼んだから。

**解説**

ドイツとフランスの赤ちゃんの泣き方を比較した研究については後半で説明がある。研究者が発見したのは、ドイツの赤ちゃんが「初めは強く、最後は下げ調子で泣く」のに対し、フランスの赤ちゃんは「逆のこと」をするということ。それを their pitches are different とまとめた (B) が正解。

## 4.　解答　B

**Question :** What does the professor say about the reason babies sound similar to their parents?

🔖 **訳**

質問：教授は赤ちゃんが親と同じような音を発する理由について何と言っていますか。
(A) 大きく不快な音から自分を守るため。
(B) 親とより密接な関係を持つため。
(C) 大人の集団の中から自分の親を認識するため。
(D) 親の言語をより早く話せるようになるため。

**解説**

赤ちゃんの泣き声が親の話すイントネーションに似る理由については、Most likely babies imitate their mothers as a way of creating a closer connection and bonding.「おそらく、赤ちゃんはより密接な関係や絆を築く方法として母親の真似をするのでしょう」とある。したがって、(B) が正解。

87

## Questions 5-8

Listen to a professor giving a talk about diamonds.

Today, I'm going to talk briefly about how diamonds are formed. Let's get one thing out of the way. Contrary to popular belief, diamonds are not formed from coal. Yes, it is commonly believed that diamonds are formed from coals put under extreme pressure. The truth, however, is that most diamonds are much older than coal, at least over 500 million years old. Coal is formed from dead plant matter and many diamonds were here on Earth far before any plants were here. Also, although coal is subject to pressure, it's probably not enough pressure to turn them into diamonds. The other surprising fact about diamonds is that many of them were formed in the Earth's mantle, a layer of the Earth beneath the Earth's crust.

While diamonds are not created from coal, it is still true that they are formed from carbon. However, instead of coming from coal, this carbon comes from the Earth's mantle. Although there are several origins of diamonds, most of the diamonds we see were created in and came from the Earth's mantle about 90 kilometers beneath the Earth's surface. There are two main conditions necessary for diamonds to form — high temperatures of around 2,000 degrees Celsius and extremely high pressure. Diamonds also need stability. A large number of the diamonds we see today were formed in the stable part of the Earth's mantle, under large continental plates. These areas are called diamond stability zones. So, if diamonds are hundreds of millions of years old and were formed deep down in the Earth, how did they get to the surface? The scientifically accepted answer is that they were brought closer to the surface through volcanic eruptions. They were carried up to the surface in rocks called xenoliths.

🈯 ダイヤモンドに関する教授の話を聞きなさい。

　今日は，ダイヤモンドがどのようにしてできるかについて簡単に話します。1つ誤解を解いておきましょう。通説とは違い，ダイヤモンドは石炭からできるのではありません。そうですね，ダイヤモンドは石炭に極端な圧力がかかりできるものだと一般に信じられています。しかし，実際には，ほとんどのダイヤモンドは石炭よりずっと古く，少なくとも5億年以上前のものです。石炭は枯れた植物から作られ，多くのダイヤモンドは植物が地球上に存在するずっと以前に地球上にありました。また，石炭ができるには圧力が必要ですが，その圧力は石炭をダイヤモンドに変えられるほど強いものではないでしょう。もう1つダイヤモンドに関する驚くべき事実は，その多くが地球のマントル，つまり，地球の地殻の下にある地球の層で形成されたことです。

　ダイヤモンドは石炭が原料ではないとはいえ，炭素でできているのは事実です。しかし，この炭素は石炭に由来するものではなく，地球のマントルから来ています。ダイヤモンドの起源にはいくつかありますが，私たちが目にするダイヤモンドのほとんどは，地表から約90キロ下にある地球のマントルの中で生まれ，そこから来たものです。ダイヤモンドができるには主に2つの条件が必要です。摂氏約2,000度の高温と極めて高い圧力です。ダイヤモンドには安定性も必要です。私たちが今日目にするダイヤモンドの多くは，大きな大陸プレートの下にある地球のマントルの安定した場所で形成されたものです。これらはダイヤモンド安定ゾーンと呼ばれています。では，ダイヤモンドが何億年も前に誕生し地球の深層部で形成されたのであれば，どのように地表に到達したのでしょうか。科学的に認められている答えは，火山の噴火によって地表近くに運ばれたというものです。捕獲岩と呼ばれる岩に含まれて地表に持ち上げられたのです。

## 5.　解答　C

**Question :** What is the talk mainly about?

**訳**

質問：この話は主に何についてですか。
(A) ダイヤモンドはなぜ稀少なのか。
(B) 最高のダイヤモンドはなぜマントルに由来するのか。
(C) ダイヤモンドはどのようにしてできるのか。
(D) ダイヤモンドの最もよい生産方法。

**解説**

冒頭で I'm going to talk briefly about how diamonds are formed「ダイヤモンドがどのようにしてできるかについて簡単に話します」と言っている。その後もダイヤモンドが形成される過程について説明しているので，(C) が正解。ダイヤモンドがマントルでできるという説明はあるが，最高のダイヤモンドに限定されていないので，(B) は不正解。

## 6.　解答　C

**Question :** Why does the professor mention that diamonds existed before plants?

**訳**

質問：教授はなぜダイヤモンドが植物より前に存在したと言及しているのですか。
(A) ダイヤモンドがなぜそれほど価値があるのかを説明するため。
(B) ダイヤモンドがなぜそれほど固いのかを説明するため。
(C) ダイヤモンドが石炭からできたはずがないのはなぜかを説明するため。
(D) ダイヤモンドがなぜ発見するのが難しいのかを説明するため。

**解説**

第1段落中盤に植物に関する説明がある。ダイヤモンドは植物より前から存在していたので，植物からできている石炭よりもダイヤモンドの方が古くからあることになる。したがって，「ダイヤモンドは石炭からできる」という通説が間違いであることが証明できる。これを説明するためにダイヤモンドが植物よりも古くからあると言っているので，(C) が正解。

## 7. 解答 A

**Question :** What is one of the conditions necessary for diamonds?

### 訳

質問：ダイヤモンドに必要な条件の1つは何ですか。
(A) 極めて強い圧力。
(B) 火山の噴火。
(C) 時間。
(D) 酸素。

### 解説

第2段落中盤でダイヤモンドの形成に必要な主な条件が2つ挙げられている。high temperatures of around 2,000 degrees Celsius and extremely high pressure「摂氏約2,000度の高温と極めて高い圧力」とあるので，(A) が正解。(B)「火山の噴火」は，地球の深層部にあったダイヤモンドが地表近くに運ばれるために必要なものなので，不正解。

## 8. 解答 A

**Question :** What does the professor say about how diamonds have come to exist in the Earth's crust?

### 訳

質問：ダイヤモンドがどのようにして地球の地殻に存在するようになったかについて，教授は何と言っていますか。
(A) それらは噴火によって運び上げられた。
(B) それらは地震によって移動した。
(C) それらは海とともに上昇した。
(D) それらは地表の浸食で現れた。

### 解説

地球の深層部で形成されたダイヤモンドがどのように地表に到達したのかについては，第2段落後半に they were brought closer to the surface through volcanic eruptions「火山の噴火によって地表近くに運ばれた」とある。したがって，(A) が正解。

## Questions 9-12

Listen to a professor talk about education.

Recently, education systems all over the world are making the move away from teaching a broad range of subjects such as anthropology, art, or history for more narrow technically oriented subjects such as math, engineering, and computer science. The argument for this shift is that the world is becoming technologically more competitive and that students need to be equipped with better technical skills in order to compete. As a result of this thinking, at many universities humanities and social science departments such as sociology or literature are being scaled back or even shut down completely. Last year, the English department here saw a reduction in its budget. In turn, students are being encouraged to choose fields that require more narrow, specific skills and knowledge that is science- or tech-related.

However, educators and others in support of keeping humanities and social sciences in education argue that while technical knowledge is important, a broad mix of knowledge encourages creativity and new ideas to emerge. Focusing heavily on math and science at the expense of subjects such as literature or art may not be a good thing. They argue that countries such as the U.S. have led in economic innovation precisely because of a well-rounded education. It is true that the U.S. often does not rank high in educational rank testing, but these rankings don't really correspond with economic success. It seems like many top universities agree. Some universities are encouraging its students to study a diverse range of subjects. For example, MIT encourages combinations such as a computer science major with a minor in music. As students, what do you think?

**訳** 教授が教育について話すのを聞きなさい。

　最近，世界中の教育制度では，人類学や芸術や歴史のような幅広い科目を教えることから，数学や工学やコンピュータサイエンスのようなもっと狭い技術志向の科目に移行しています。このような移行の論拠は，世界の技術競争がより厳しくなり，学生が競争していく上でより高い技術スキルを身に付ける必要があるということです。こうした考え方の結果，多くの大学では，社会学や文学といった人文科学や社会科学の学部が規模を縮小されたり，完全に閉鎖されたりしています。去年，当校の英語学部は予算を削減されました。結果的に，学生はより狭い特定のスキルと科学や技術に関連する知識を必要とする分野を選択するよう奨励されています。

　しかし，人文科学や社会科学教育の存続を支持している教育者などは，技術知識は重要だけれども，幅広く知識を融合させることで創造性や新しいアイデアが生まれるのだと主張します。数学や科学に重点を置き過ぎて文学や芸術などの科目をないがしろにすることはよくないかもしれません。アメリカなどの国々では幅広い教育があったからこそ経済面での革新を主導したのだ，と彼らは主張します。アメリカが学力ランキングテストであまり上位に入らないのは事実ですが，このようなランキングは経済的な成功とは実際に一致しないものです。多くの一流大学の意見は一致しているようです。学生に幅広い科目を学ぶことを奨励している大学もあります。例えば，マサチューセッツ工科大学はコンピュータサイエンス専攻と音楽の副専攻のような組み合わせを奨励しています。学生として，みなさんはどう思いますか。

## 9. 解答 B

**Question :** What is the talk mainly about?

### 訳
質問：この話は主に何についてですか。
(A) 人文科学を守るために大学が取っている措置。
(B) 教育界における科学技術重視への推進。
(C) 名門大学が人文科学を奨励する理由。
(D) 教育のランク付けが大学に与える影響。

### 解説
冒頭で，最近の大学教育は人文科学や社会科学の科目から技術志向の科目へと移行していると述べている。さらに，このような動向の理由，それに反対する主張について触れているので，(B) が正解。

## 10. 解答 B

**Question :** What does the professor say is the reason for the shift?

### 訳
質問：教授は移行の理由は何だと言っていますか。
(A) 一般化より専門化の方がよいと示す報告書。
(B) 経済がより技術志向に向かっているという考え。
(C) 科学教育を推し進めることへの政府間合意。
(D) 人文科学系学科をすべて廃止しようという大学の動き。

### 解説
第１段落第２文で移行の理由について，the world is becoming technologically more competitive and that students need to be equipped with better technical skills in order to compete「世界の技術競争がより厳しくなり，学生が競争していく上でより高い技術スキルを身に付ける必要がある」からと説明されている。技術競争を激化させている経済状況が移行の理由なので，(B) が正解。

## 11. 解答 D

**Question** : What is a reason that studying a range of subjects including humanities is advantageous?

### 訳

質問：人文科学を含む広範な科目を学習することに利点がある1つの理由は何ですか。
(A) 学生に仕事の選択肢を増やす。
(B) 上位ランクの大学に入りやすくさせる。
(C) 国際的な試験の得点を上げる。
(D) 学生の創造性を高める。

### 解説

第2段落第1文によると，人文科学や社会科学を残そうとする教育者などは，a broad mix of knowledge encourages creativity and new ideas to emerge「幅広く知識を融合させることで創造性や新しいアイデアが生まれる」と主張している。したがって，(D) が正解。

## 12. 解答 A

**Question** : What does the professor say about international test rankings?

### 訳

質問：教授は国際的なテストのランキングについて何と言っていますか。
(A) それは国の経済的地位を示すよい指標ではない。
(B) グローバル経済ではその重要度がますます増している。
(C) レベルの高い大学はそれを学生の評価に利用している。
(D) それは学生の技術的スキルを測るのに最良の方法である。

### 解説

ランキングについては，第2段落後半で these rankings don't really correspond with economic success「このようなランキングは経済的な成功とは実際に一致しない」と言っている。つまり，ランキングが高いからといって必ずしも経済的に成功しているとは限らないことが分かる。したがって，(A) が正解。

# CHAPTER 2
# Practice Tests

■ **Practice Test 1** ⋯⋯⋯⋯⋯ 98

■ **Practice Test 2** ⋯⋯⋯⋯⋯ 152

■ **Practice Test 3** ⋯⋯⋯⋯⋯ 200

# Practice Test 1 　問 題

**Part A**

**Directions:** In the first part of the test, Part A, you will hear some short conversations. Each conversation is between two people. After each one, there will be a question about the conversation. You will hear these conversations and questions only once. After each question, please read the four possible answers in your test book. Then choose the best answer. Finally, find the number of the question on your answer sheet and fill in the space that corresponds to the letter of the correct answer.

Here is an example.
On the recording, you hear:

In your test book, you read:
(A) The man and woman will not go to the concert.
(B) The man shares the woman's viewpoint.
(C) The final musical piece was the best.
(D) The concert featured special performers.

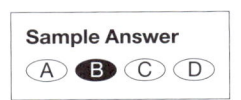

Sample Answer
Ⓐ ● Ⓒ Ⓓ

You learn from the conversation that the woman did not like the concert and the man agrees. The best answer to the question "What does the man mean?" is (B), "The man shares the woman's viewpoint." Therefore, the correct choice is (B).

1. (A) Mike will be using that seat.
   (B) There is no more room in the class.
   (C) The seat is available.
   (D) The man should use the seat in front instead.

2. (A) They become study partners.
   (B) The woman speak to her lecturer privately.
   (C) The woman change to an easier course.
   (D) The woman ask the man for help.

3. (A) The exam was the worst she had taken.
   (B) She thought the exam would be easier.
   (C) The experiment was not so difficult.
   (D) The exam was not as hard as she had imagined.

4. (A) He has already requested more time to complete this paper.
   (B) His professor asked him to write a longer essay.
   (C) He has written one essay already.
   (D) He has never written an extended paper before.

5. (A) He is like his brother in every way.
   (B) He and his brother have a difficult relationship.
   (C) His personality is nothing like that of his brother.
   (D) He is younger than his brother.

**6.** (A) Recommend the student reschedule his plans.
(B) Lower the student's class grade.
(C) Place the student in another class.
(D) Permit the student to take official leave.

**7.** (A) This morning's lecture was canceled.
(B) Professor Hastings gave a business lecture this morning.
(C) The woman had an emergency this morning.
(D) Lectures are never held on Fridays.

**8.** (A) He sold his old bike.
(B) He cannot afford to upgrade his bike yet.
(C) He did not use a bike last semester at all.
(D) He is looking for a new job.

**9.** (A) He only sent an application to one school.
(B) He does not know yet if he will be accepted into a school.
(C) He is going to start classes in a few days.
(D) He will start applying to grad schools very soon.

**10.** (A) She does not have enough time to take part in the job fair.
(B) She plans to go if she completes her homework.
(C) The job fair is too far away.
(D) She will be there if the weather is good.

**11.** (A) Replace her phone with a new one.
  (B) Wait until someone returns her phone.
  (C) Search for her phone on every staircase.
  (D) Look in places she has already been.

**12.** (A) The woman has made her final selection.
  (B) The woman feels down about her history grades.
  (C) The woman is going to select her major tomorrow.
  (D) The woman has to choose between two subjects.

**13.** (A) Find a job quickly.
  (B) Look for work as a private instructor.
  (C) Find employment in a local school.
  (D) Start working at a restaurant.

**14.** (A) Repeat his first year at college.
  (B) Sign up for summer classes.
  (C) Complete the seminar in the fall.
  (D) Wait until spring to enroll again.

**15.** (A) He has already finished eating lunch.
  (B) He has completed his presentation.
  (C) He wants to take a break immediately.
  (D) He would prefer to keep working.

**16.** (A) She always returns her books on time.
- (B) She does not read messages from her college very often.
- (C) She has a lot of reading to do.
- (D) She sends the man regular e-mails.

**17.** (A) It is better to go during the senior year.
- (B) It costs too much for juniors.
- (C) It is already too late to apply for it.
- (D) It is best done earlier on in college.

**18.** (A) He could not answer every question.
- (B) He completed it early.
- (C) About 15 students sat it in total.
- (D) He needed more time to do it.

**19.** (A) She attended the same college as the man.
- (B) She is only here for one semester.
- (C) She failed to teach the man about chemistry.
- (D) She teaches the class well.

**20.** (A) The woman should not take on too much.
- (B) The woman needs to sing less forcefully.
- (C) The woman has to take care of her voice.
- (D) The woman often overcooks her food.

**21.** (A) Tony has a head for science.
(B) Tony has a day off today.
(C) She always has breakfast with Tony.
(D) She only saw Tony that morning.

**22.** (A) Students can save money by showing their cards.
(B) Computer prices are lower for students.
(C) Security is high around the college campus.
(D) Students do not have to pay for software.

**23.** (A) Drop his economics course.
(B) Ask the instructor to approve the change.
(C) Wait for three more weeks.
(D) Apply for his new permit.

**24.** (A) There has been a flood of applications.
(B) The woman should stay calm during the storm.
(C) The woman may still be able to register.
(D) The woman will have to wait until next year.

**25.** (A) There should be a wider range of submission dates.
(B) She wants to drop off assignments at a counter.
(C) She received a fair grade for the course.
(D) She has never turned in a paper late.

**26.** (A) She spent all weekend studying.
(B) She did not get a good grade in psychology.
(C) She forgot to close the lab before the weekend.
(D) She may not be able to finish her assignment as planned.

**27.** (A) She has had to put off her trip home.
(B) Her flight back was canceled.
(C) She will be working at the station all winter.
(D) Her parents' visit has been delayed.

**28.** (A) The meeting did not conclude today.
(B) Only fifty percent of the students attended.
(C) He overslept and missed the meeting.
(D) It was a boring meeting.

**29.** (A) She was not aware of the volume.
(B) She could not find the remote control.
(C) She forgot to watch the TV show.
(D) She always reads aloud.

**30.** (A) Freshmen should not take the history course.
(B) Professor Adams has never given an A grade.
(C) The woman should speak to the professor herself.
(D) The woman does not need to blame herself.

## Part B

**Directions:** In Part B, you will be listening to longer conversations. After each conversation, you will listen to several questions. You will hear these conversations and questions only once.

After listening to each question, read the four possible answers in your test book. Then choose the best answer. Finally, find the number of the question on your answer sheet and fill in the space that corresponds to the letter of the correct answer.

Remember that taking notes or writing in your test book is not allowed.

**31.** (A) Problems with fellow students.
 (B) Living arrangements.
 (C) Ways to save money.
 (D) Differences in personality.

**32.** (A) Security.
 (B) Privacy.
 (C) Socializing.
 (D) Life skills.

**33.** (A) The interviews were conducted individually.
 (B) Similar people are paired together.
 (C) There is no need to do chores in halls.
 (D) Students are often interested in the same software.

**34.** (A) Provide detailed personal information.
 (B) Begin looking for a roommate.
 (C) Search for sophomore accommodation.
 (D) Sell his current home.

**35.** (A) Mechanical Engineering.
- (B) Anthropology.
- (C) History.
- (D) Physics.

**36.** (A) They received drinks by visiting houses.
- (B) They bought drinks from stores along the road.
- (C) They took long breaks.
- (D) They spent the night at the homes of strangers.

**37.** (A) People did not enjoy wearing them.
- (B) People avoided buying one if they could.
- (C) People found them unfashionable.
- (D) People desired to have the best ones.

**38.** (A) 90 million.
- (B) 121 million.
- (C) 135 million.
- (D) 150 million.

## Part C

**Directions:** In Part C of the test, you will listen to several talks. After each talk, there will be some questions. These talks and questions will be read only once.

After each question, read the four possible answers in your test book. Then choose the best answer. Finally, find the number of the question on your answer sheet and fill in the space that corresponds to the letter of the correct answer.

Here is an example.
On the recording, you hear:

In your test book, you read:
(A) To profile an important physics professor.
(B) To announce a theory about the universe.
(C) To examine various aspects of the sun.
(D) To review new images from satellites.

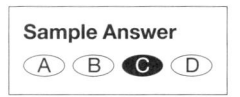

Sample Answer
Ⓐ Ⓑ ● Ⓓ

The best answer to the question "What is the main purpose of the online post?" is (C), "To examine various aspects of the sun." Therefore, the correct choice is (C).

Remember that taking notes or writing in your test book is not allowed.

**39.** (A) Why blues music is so sad.
 (B) How blues made rock bands famous.
 (C) The origin and spread of blues.
 (D) The development of the electric amplifier.

**40.** (A) To show they are more popular than blues.
 (B) To show that they were influenced by blues.
 (C) To explain the creation of blues rock.
 (D) To explain call and response.

**41.** (A) It spread overseas.
 (B) It became known as blues rock.
 (C) It became popular amongst farmers.
 (D) It became electrified.

**42.** (A) He invented call and response.
 (B) He was the first to amplify his guitar.
 (C) He helped spread blues overseas.
 (D) He was an English rock musician.

**43.** (A) How Impressionism was started by Japanese artists.
 (B) How Japan influenced European artists.
 (C) How Japan opened up to the West in the 1800s.
 (D) How Japanese and European artists worked together.

**44.** (A) Japan sent artists to study in Europe.
 (B) European visitors took Japanese art back to their countries.
 (C) Japanese artists used different styles from Europeans.
 (D) Van Gogh promoted Japanese art.

**45.** (A) It used dots and short splashes of paint.
 (B) It used eyes for more emotion.
 (C) It focused on detail and realism.
 (D) It focused on texture and shadows.

**46.** (A) They developed from European gardens.
 (B) They influenced some of the Impressionists.
 (C) They became popular amongst the rich.
 (D) They were a popular motif in Japanese art.

**47.** (A) Mars' previously vast oceans.
  (B) Signs of life on Mars.
  (C) How water developed on Mars.
  (D) Liquid water on Mars.

**48.** (A) To prove that Mars has water.
  (B) To show that they used to be seen as oceans.
  (C) To highlight a discovery by *Curiosity*.
  (D) To explain why Mars is so cold.

**49.** (A) It has features such as valleys and channels.
  (B) It is similar in size to Earth.
  (C) It has water in its atmosphere.
  (D) It has signs of life.

**50.** (A) It is located near the poles.
  (B) It may flow during the warmer seasons.
  (C) It is underground.
  (D) It is proof humans can live on Mars.

# Practice Test 1　解答・解説

## 解答一覧

### Part A

| | | | | | |
|---|---|---|---|---|---|
| 1 | C | 11 | D | 21 | D |
| 2 | B | 12 | D | 22 | A |
| 3 | D | 13 | B | 23 | B |
| 4 | A | 14 | B | 24 | C |
| 5 | C | 15 | D | 25 | A |
| 6 | D | 16 | B | 26 | D |
| 7 | A | 17 | D | 27 | A |
| 8 | B | 18 | B | 28 | D |
| 9 | B | 19 | D | 29 | A |
| 10 | B | 20 | A | 30 | D |

### Part B

| | | | |
|---|---|---|---|
| 31 | B | 35 | A |
| 32 | C | 36 | A |
| 33 | B | 37 | D |
| 34 | A | 38 | C |

### Part C

| | | | | | |
|---|---|---|---|---|---|
| 39 | C | 43 | B | 47 | D |
| 40 | B | 44 | C | 48 | B |
| 41 | D | 45 | B | 49 | A |
| 42 | C | 46 | B | 50 | B |

# Part A　解答・解説

問題 p.98〜104

### パートA

指示文：テストの最初にあるパートAでは，いくつかの短い会話が流れます。どの会話も2人の登場人物の間で行われます。それぞれの会話の後，その会話についての質問が流れます。会話と質問は1度しか流れません。質問を聞いた後，テストブックにある4つの選択肢を読みなさい。そして，最も適切な答えを選びなさい。最後に，解答用紙にある選択肢の番号で，正解に該当するもののマーク欄を塗りつぶしなさい。

それでは例題です。
音声では以下の部分が流れます。

**W** : That jazz concert was really disappointing.
**M** : Yes, especially the final piece.
**Question** : What does the man mean?

女性：あのジャズコンサートには本当にがっかりしたわね。
男性：そうだね，特に最後の曲にはね。
質問：男性は何を意味していますか。

テストブックには以下の選択肢があります。
(A) 男性と女性はコンサートに行かないつもりだ。
(B) 男性は女性と見解を共有している。
(C) 最後の楽曲が最もよかった。
(D) コンサートには特別な演奏者が出演した。

会話から，女性はコンサートが気に入らず，男性も同意見であることが分かります。「男性は何を意味していますか」という質問に対して最も適切な答えは (B) の「男性は女性と見解を共有している」です。したがって，正しい選択肢は (B) です。

## 1. 解答 C　CD1 48

M : Excuse me, is anyone sitting here?
W : Go ahead. Mike isn't going to make the class today.
Question : What does the woman mean?

**訳**　男性：あの，ここには誰か座っているのかな？
女性：どうぞ。マイクは今日，授業に来ないから。
質問：女性は何を意味していますか。
(A) マイクがその席に座る。
(B) 授業にはもう空きがない。
(C) 席は空いている。
(D) 男性は代わりに前の席に座るべきだ。

**解説**　男性は席が空いているかどうかを尋ねている。女性はGo ahead.「どうぞ」と男性に席に座って構わないと伝え，その理由としてマイクが授業に来ないと言っている。ここでのmakeは「～に間に合う，～に到着する」という意味。したがって，女性の発言が意味することは，席が空いていることなので (C) が正解。

## 2. 解答 B　CD1 49

W : It's difficult keeping up with all the information in this history course.
M : Schedule some one-on-one time with Professor Mitchell, and she'll help.
Question : What does the man suggest?

**訳**　女性：この歴史の授業は，すべての情報についていくのが難しいわ。
男性：ミッチェル先生と1対1で話す予定を入れたら，助けてもらえるよ。
質問：男性は何を提案していますか。
(A) 彼らが勉強仲間になる。
(B) 女性が講師と個人的に話をする。
(C) 女性がもっと簡単な授業に変更する。
(D) 女性が男性に助けを求める。

**解説**　授業が難しいと言う女性に対し，男性はSchedule some one-on-one time with ～「～と1対1の時間を予定する」ように提案している。それはspeak to ～ privately「～と個人的に話す」ということなので，(B) が正解。男性の発言中のProfessor Mitchellを (B) ではlecturer「講師」に言い換えている。

## 3. 解答 D

**M**: I didn't think the exam would be *that* tough!
**W**: Really?! I was actually expecting it to be worse.
**Question**: What does the woman imply?

訳　男性：試験があれほど手ごわいとは思わなかったよ！
　　女性：本当?!　実を言うと，私はあれ以上だと思っていたわ。
　　質問：女性は暗に何を言っていますか。
　　(A) 試験は彼女が今まで受けた中で最悪だった。
　　(B) 彼女は試験がもっと簡単だと思っていた。
　　(C) 実験はそれほど難しくなかった。
　　(D) 試験は彼女が思っていたほど難しくなかった。

解説　2人は試験の感想を述べている。思っていた以上に手ごわかったと言う男性に対し，女性はbadの比較級 worse を用いて「もっとひどいかと思っていた」と述べている。つまり，女性にとっては想像していたほどは難しくなかったということなので，(D) が正解。

## 4. 解答 A

**W**: Just ask your professor for an extension on your paper.
**M**: I would ... but you can only do that once per essay.
**Question**: What can be inferred about the man?

訳　女性：先生にレポートの締め切りを延ばしてもらうように頼めばいいじゃない。
　　男性：そうしたいけど…でも，レポート1つにつき1度しかできないよね。
　　質問：男性について何が推測できますか。
　　(A) 彼はすでにこのレポートを書き上げるために期間延長を頼んだ。
　　(B) 彼の教授はもっと長いレポートを書くことを求めた。
　　(C) 彼はすでにレポートを1つ書いてある。
　　(D) 彼はこれまで通常より長いレポートを書いたことは一度もない。

解説　女性は男性にレポートの締め切り延長を提案しているが，男性はI wouldとその意志を婉曲に示しながらも，「レポート1つにつき1度しかできない」と答えている。ここから「もう以前に延長してもらったことがあるから，再度頼むことはできない」と推測できるので，(A) が正解。

## 5. 解答 C 🎧CD1 52

W: Was that your twin brother dropping you off after Spring Break? You look so alike!
M: That's right. Although we couldn't be more different in character!
Question: What does the man mean?

**訳** 女性：スプリング・ブレークの後，車からあなたを降ろしていたのは双子のお兄さん？ あなたたちそっくりね！
男性：そうなんだよ。性格は全然違うんだけどね！
質問：男性は何を意味していますか。
(A) 彼は兄とあらゆる点で似ている。
(B) 彼と兄の関係はうまくいっていない。
(C) 彼の性格は兄のそれとはまるで違う。
(D) 彼は兄より若い。

**解説** 女性は男性と双子の兄の外見がそっくりだと言っている。男性はその指摘を認めながら「性格はこれ以上違うということがない（くらい違う）」と言っている。couldn't be more ～は「それ以上～であることはできない」から「全く～でない」の意味。nothing like ～「～とは全く違う」と言い換えている (C) が正解。that は personality を指している。

## 6. 解答 D 🎧CD1 53

M: I know I need a good attendance record to pass this class, Professor Black, but this is a great opportunity.
W: Well, luckily for you, we allow time off for work experience.
Question: What will the woman probably do next?

**訳** 男性：この授業に及第するには出席状況がよくなければならないことは分かっています，ブラック先生。でも，これはすごいチャンスなのです。
女性：そうですね，あなたは幸運ですよ。職場経験のための欠席を認めています。
質問：女性はおそらく次に何をしますか。
(A) 学生に予定の変更を勧める。
(B) 学生の成績を下げる。
(C) 学生を別の授業に入れる。
(D) 学生に正式な休みを許可する。

**解説** 男性の発言にある2つ目のthisとは，女性の発言からwork experienceだと分かる。we allow time off for work experience「職場経験のための欠席を認めている」と言っているのだから，(D) が正解。

116

□は、□てゆく人だ。

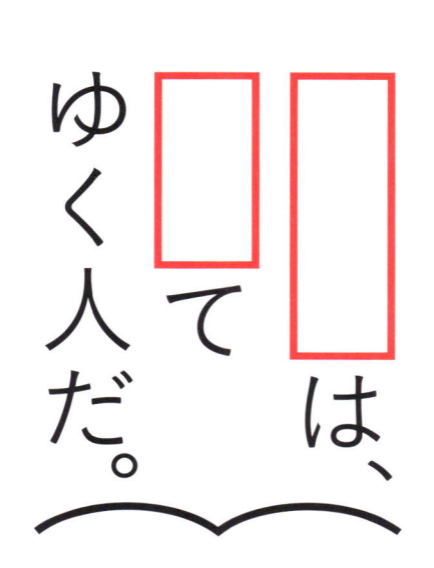

学ぶ人は、変えてゆく人だ。

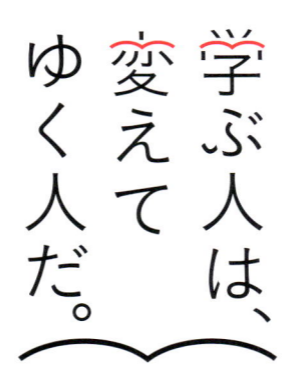

目の前にある問題はもちろん、
人生の問いや、社会の課題を自ら見つけ、
挑み続けるために、人は学ぶ。
「学び」で、少しずつ世界は変えてゆける。
いつでも、どこでも、誰でも、
学ぶことができる世の中へ。

旺文社

## 7. 解答 A

**M**: Did I miss anything important in this morning's lecture?
**W**: Didn't you hear? Professor Hastings was called away on urgent business.
**Question**: What do we learn from the conversation?

訳　男性：今朝の講義で何か重要なことを聞き逃したかな？
　　女性：聞かなかった？ ヘースティングズ先生は急用で呼び出されたのよ。
　　質問：この会話から何が分かりますか。
　(A) 今朝の講義は中止になった。
　(B) ヘースティングズ教授は今朝，ビジネスの講義を行った。
　(C) 女性は今朝，急用ができた。
　(D) 金曜日に講義が行われることは決してない。

解説　今朝の講義に関して尋ねた男性に，女性は「先生は急用で (on urgent business) 呼び出された (was called away)」と答えている。つまり，授業が急に休講になったと考えられるので，(A) が正解。急用ができたのは女性ではなく教授なので (C) は不正解。女性の発言中の business は「用事」の意味で，「ビジネス」の意味ではない。

## 8. 解答 B

**W**: Did you manage to save up enough from your summer job to buy a new bike?
**M**: It looks like I'll be using my old one this semester, too.
**Question**: What does the man mean?

訳　女性：夏休みのバイトで新しい自転車を買えるだけのお金が貯まった？
　　男性：今学期も古いのを使うことになりそうだよ。
　　質問：男性は何を意味していますか。
　(A) 彼は古い自転車を売った。
　(B) 彼はまだ自転車をグレードアップするお金の余裕がない。
　(C) 彼は前の学期は自転車を全く使わなかった。
　(D) 彼は新しい仕事を探している。

解説　女性は自転車を買い換えるだけのお金が貯まったかどうかを男性に尋ねている。男性は「古いの (＝自転車) を使うことになりそうだ」と答えているので，買い換えることができないと分かる。したがって「グレードアップするお金の余裕がない」と言い換えている (B) が正解。cannot afford to do は「～する (経済的) 余裕がない」という意味。

## 9.　解答　B　CD1 56

W : Have you heard from any of the grad schools you applied to?
M : Not a single one, but I'm expecting a reply any day now.
Question : What does the man mean?

🈞 女性：出願した大学院のどこかから返事は来た？
男性：1つも来てないんだけど，今か今かと返事を待っているんだ。
質問：男性は何を意味していますか。
(A) 彼は1校にしか出願しなかった。
(B) 彼はまだどこかに入学できるかどうか分からない。
(C) 彼は数日後に受講を始める。
(D) 彼はもうすぐ大学院への出願を始める。

解説　出願した大学院からの返事について，男性はまだ1つも返事がないので待っていると答えている。したがって，まだ入学の見通しが立っていないので (B) が正解。女性の the grad schools you applied to と男性の Not a single one から，男性は複数の大学院に出願したことが分かるので (A) は不正解。

## 10.　解答　B　CD1 57

M : How about we attend the job fair this weekend?
W : It depends on whether I get this assignment out of the way on time.
Question : What does the woman mean?

🈞 男性：今週末の就職フェアに参加するのはどう？
女性：この課題を期限内に終わらせられるかどうか次第なの。
質問：女性は何を意味していますか。
(A) 彼女は就職フェアに参加できるだけの時間がない。
(B) 彼女は課題が終われば行く予定だ。
(C) 就職フェアの場所は遠過ぎる。
(D) 彼女は天気がよければ行く。

解説　就職フェアに参加しようと誘われた女性は，It depends on whether 〜「〜かどうか次第だ」と答えている。課題を終わらせられるかどうかによって行くかどうかが決まるということなので，(B) が正解。get 〜 out of the way は「〜を片づける」という意味。

118

## 11. 解答 D 〔CD1 58〕

**W**: I've looked everywhere, but I just don't know where I left my phone.
**M**: The only way to find it is by retracing all your steps.
**Question**: What does the man suggest the woman do?

🈖 女性：あらゆる場所を探したのだけれど，電話をどこに置いたのかが分からないの。
男性：来た道をすべて戻って探すしかないね。
質問：男性は女性に何をするように提案していますか。
(A) 彼女の電話を新しいものに取り換える。
(B) 誰かが彼女の電話を返してくれるまで待つ。
(C) 彼女の電話を階段1段ずつ探す。
(D) 彼女が行った場所を探す。

解説 女性は電話をなくしたと言っている。男性の発言中のretrace one's stepsは「(来た道を)後戻りする」という意味。したがって，(D) が正解。このstepは「足どり」の意味で，「階段」の意味ではないので (C) は不正解。

## 12. 解答 D 〔CD1 59〕

**M**: Have you decided on your major yet?
**W**: Almost. I've finally narrowed it down to either history or law.
**Question**: What do we learn from the conversation?

🈖 男性：もう専攻は決めたの？
女性：だいたいね。やっと史学か法学に絞ったわ。
質問：この会話から何が分かりますか。
(A) 女性は最終的な選択をした。
(B) 女性は歴史の成績にがっかりしている。
(C) 女性は専攻を明日選ぶつもりだ。
(D) 女性は2つの学科から選ばなくてはならない。

解説 男性は女性に専攻を決めたかどうかを尋ねている。女性はnarrowed it down to either history or law「史学か法学に絞った」と答えている。したがって，(D) が正解。まだ最終的な選択には至っていないので (A) は不正解。

## 13. 解答 B 　CD1 60

**W :** Here's an ad for a waitressing job. Maybe it'll help me pay off my debts quicker.
**M :** Perhaps ... but I heard home tutoring high school kids is a better way to make money.
**Question :** What does the man suggest the woman do?

**訳**　女性：ほら，ウェイトレスのアルバイトの広告よ。これで借金を早く返済できるかもしれないわ。
　　男性：かもね…でも，お金をかせぐなら高校生の家庭教師の方がいいって聞いたよ。
　　質問：男性は女性に何をするように提案していますか。
(A) すぐに仕事を見つける。
(B) 個人指導の仕事を探す。
(C) 地元の学校で仕事を見つける。
(D) レストランで働き始める。

**解説**　女性は借金返済のため，ウェイトレスとして働くことを検討している。男性はそれよりも家庭教師の方が収入がよいと伝えているので，家庭教師の仕事を探すことを勧めていると考えられる。したがって，(B) が正解。home tutoring high school kidsを (B) ではwork as a private instructorと言い換えている。

## 14. 解答 B 　CD1 61

**M :** I didn't pass any seminars this fall or spring—will I fail my freshman year?
**W :** Don't worry—there's always the summer session.
**Question :** What will the man probably do next?

**訳**　男性：秋も春もゼミは全部合格できなかったよ。1年生は落第かな？
　　女性：心配しないで。夏期クラスだっていつもあるんだから。
　　質問：男性はおそらく次に何をしますか。
(A) 大学1年を留年する。
(B) 夏期クラスに申し込む。
(C) 秋のゼミを修了する。
(D) 再度登録するために春まで待つ。

**解説**　男性は秋と春のゼミで合格できなかったため進級を心配している。女性は夏期クラスの情報を提供しているので，男性はそれに申し込むことが予想できる。したがって，(B) が正解。sign up for 〜は「(受講など) の届けを出す」という意味。

## 15. 解答 D　CD1 62

**W**: We've been working on this presentation since breakfast. I think it's time to stop for lunch.
**M**: Now? But we're almost done!
**Question**: What can be inferred about the man?

**訳** 女性：朝食からずっとこのプレゼンに取り組んできたわ。ランチ休憩にしましょう。
男性：今？　でも，もうすぐ終わるよ！
質問：男性について何が推測できますか。
(A) 彼はもう昼食を食べ終えた。
(B) 彼はプレゼンを終えた。
(C) 彼はすぐに休憩を取りたがっている。
(D) 彼は続けて作業を行いたいと思っている。

**解説** 今からランチ休憩を取ろうと提案している女性に対して，男性は「でも，もうすぐ終わる」と答えている。したがって，男性は休憩を取らずに作業を終えてしまいたいと考えていることが分かるので，(D) が正解。prefer to do は「むしろ～する方を好む」という意味。

## 16. 解答 B　CD1 63

**W**: I didn't even realize my books were overdue, and now I have this big fine.
**M**: What did I tell you about checking your campus e-mails more regularly?
**Question**: What can be inferred about the woman?

**訳** 女性：本の期限が過ぎていたなんて，ちっとも気がつかなくて，こんなにたくさん罰金を払うのよ。
男性：もっときちんと大学からのEメールをチェックするようにって言っただろう？
質問：女性について何が推測できますか。
(A) 彼女は本を必ず期限通りに返却する。
(B) 彼女は大学からのメッセージをあまり読まない。
(C) 彼女は読まなければならないものがたくさんある。
(D) 彼女は定期的に男性にEメールを送っている。

**解説** 女性は本の返却が遅れたために罰金を科せられている。それを聞いた男性は，What did I tell you about ～?「僕は君に～について何と言った？」と女性の落ち度を指摘している。女性はもっと頻繁に大学からのEメールをチェックするべきだったので，(B) が正解。

## 17. 解答 D  CD1 64

**M**: I really want to study abroad in my junior year.
**W**: Why wait? You'll probably have too much on your schedule by then.
**Question**: What does the woman imply about studying abroad?

**訳** 男性：3年生になったら，ぜひ留学したいんだ。
女性：どうして先延ばしにするの？　きっとその頃はやることが山のようにあるわよ。
質問：女性は留学について暗に何を言っていますか。
(A) 4年生のときに行く方がよい。
(B) 3年生には費用がかかり過ぎる。
(C) それに申し込むにはもう遅過ぎる。
(D) 大学時代のもっと早い時期にするのがベストだ。

**解説** 3年生での留学を検討中の男性に，女性はWhy wait?と言っている。これはWhy do you wait?の省略で，反語的に「なぜ待つのか」から「待つ必要はない，早くするのがよい」という意味になる。earlier on「もっと早い時期に」行くのがよいということなので，(D) が正解。

## 18. 解答 B  CD1 65

**W**: Did you finish the whole exam?
**M**: I certainly did. I was sitting there with about 15 minutes to spare.
**Question**: What does the man imply about the exam?

**訳** 女性：試験は全部終わった？
男性：もちろんだよ。15分ほど暇を持て余して座っていたよ。
質問：男性は試験について暗に何を言っていますか。
(A) 彼はすべての質問に答えることができたわけではない。
(B) 彼はそれを早く終えた。
(C) 全部で約15人の学生がそれを受験した。
(D) 彼はそれをするためにもっと時間が必要だった。

**解説** 男性の発言にあるto spareは「余分の」という意味。男性には15分ほど時間が余っていたことが分かるので (B) が正解。(A) のHe could not answer every question.は部分否定で「すべて〜というわけではない」という意味なので不正解。(C) のsitは他動詞で「(試験) を受ける」という意味。

## 19. 解答 D　CD1 66

**W**: Are you doing better in chemistry with your new professor?
**M**: I'll say. If only she had been here when I was a freshman, I wouldn't have failed the semester!
**Question**: What can be inferred about the professor?

訳　女性：新しい先生になって，化学の成績は上がっているの？
　　男性：もちろん。僕が1年のときに先生がいてくれたら，あの学期を落とすことはなかったのに！
　　質問：教授について何が推測できますか。
(A) 彼女は男性と同じ大学に通っていた。
(B) 彼女は1学期しかここにいない。
(C) 彼女は男性に化学を教えることはなかった。
(D) 彼女は授業の教え方がよい。

解説　女性の質問に対して男性は I'll say.「もちろん」と答えているので，新しい教授になってから成績が上がっていることが分かる。さらに，男性は仮定法過去完了を用いて If only she had been here 〜, I wouldn't have failed 〜と述べている。先生の指導法がよいと判断できるので (D) が正解。

## 20. 解答 A　CD1 67

**W**: I forgot we had an extra a cappella rehearsal later tonight, and I'm due at the Food Science Open Evening in half an hour.
**M**: You've got to be careful you don't overdo things, you know.
**Question**: What does the man imply?

訳　女性：今晩これからもう一度，アカペラのリハーサルがあることを忘れていたわ。30分後に食品科学オープン・イブニングに行くことになっているのに。
　　男性：物事をやり過ぎないように気をつけないとだめだよ。
　　質問：男性は暗に何を言っていますか。
(A) 女性はあまり多くのことを引き受けるべきではない。
(B) 女性はもっと力を抜いて歌う必要がある。
(C) 女性は声のケアをしなければならない。
(D) 女性は食事を加熱し過ぎることがよくある。

解説　女性は2つの予定が重複してしまったという問題を抱えている。男性は overdo things「物事をやり過ぎる」ことがないようにと忠告している。(A) の take on 〜は「(仕事など)を引き受ける」という意味なので (A) が正解。

## 21. 解答 D 〔CD1 68〕

**M**: Good evening, you haven't seen Tony, have you?
**W**: Not since he headed off to the science lab after breakfast.
**Question**: What does the woman imply?

訳 男性：こんばんは，トニーを見ていないよね？
女性：朝食の後，実験室に行くところを見たきりだわ。
質問：女性は暗に何を言っていますか。
(A) トニーは科学が得意である。
(B) トニーは今日，休みを取っている。
(C) 彼女はいつもトニーと朝食を取る。
(D) 彼女はその日の朝しかトニーを見かけていない。

解説 女性の発言はI haven't seen Tony since 〜を省略して，Not since 〜となっている。朝食後，実験室に行くところを見てからはトニーを見かけていない，と言っているので，(D) が正解。head off は「出かける，立ち去る」，(A) のhave a head for 〜は「〜が得意だ」という意味。

## 22. 解答 A 〔CD1 69〕

**W**: So we just show our student ID and we get free computer security software? That's great!
**M**: It's actually just a discount, but you can get some really good deals.
**Question**: What do we learn from the conversation?

訳 女性：それなら，学生証を見せるだけで無料でコンピュータのセキュリティ・ソフトウェアがもらえるの？ それはすごいわ！
男性：実は安くなるだけなんだけど，かなり格安で買えるんだよ。
質問：この会話から何が分かりますか。
(A) 学生は学生証を見せれば費用を節約できる。
(B) コンピュータの値段は学生にはより安い。
(C) 大学のキャンパス周辺では警備が厳しい。
(D) 学生はソフトウェアのお金を払う必要がない。

解説 女性は，学生証の提示でソフトウェアが無料で入手できると思っているが，男性は無料ではなく格安になると訂正している。したがって，save money「節約する」ことができるという (A) が正解。安くなるのはコンピュータではなくソフトウェアなので (B) は不正解。(C) のsecurityは「警備」という意味。

## 23. 解答 B　(CD1 70)

**M**: I can't believe I didn't add an economics class to my schedule.
**W**: You're still in week three, so you can do that with written permission from the course instructor.
**Question**: What will the man probably do next?

訳　男性：時間割に経済の授業を入れなかったなんて，信じられないよ。
　　女性：まだ3週目だから，授業の講師に許可書を書いてもらえばできるわよ。
　　質問：男性はおそらく次に何をしますか。
(A) 経済の授業を落とす。
(B) 講師に変更の承認を求める。
(C) あと3週間待つ。
(D) 新しい許可書を申し込む。

解説　男性は時間割の作成にミスを見つけ，女性はその対処法を伝えている。女性の発言にあるthatとは「時間割に経済の授業を入れること」。そのために必要なのはwritten permission from the course instructor「授業の講師による許可書」。したがって，男性は(B)の行動を取ると考えられる。

## 24. 解答 C　(CD1 71)

**W**: I never thought I'd miss the college registration deadline due to a storm.
**M**: Don't panic. The admissions office can make exceptions for natural disasters.
**Question**: What does the man mean?

訳　女性：嵐のせいで大学の登録の締め切りに遅れるなんて考えもしなかったわ。
　　男性：落ち着いて。自然災害だから，入学事務局が例外にしてくれるよ。
　　質問：男性は何を意味していますか。
(A) 申し込みが殺到した。
(B) 女性は嵐の間は落ち着くべきだ。
(C) 女性はまだ登録できるかもしれない。
(D) 女性は来年まで待たなければならないだろう。

解説　女性は嵐という自然災害が原因で登録の締め切りに遅れてしまった。男性は自然災害については例外にしてくれる，つまりまだ登録の可能性があると伝えている。したがって，(C)が正解。(A)のa flood of 〜は「〜の殺到」という意味。

## 25. 解答 A  CD1 72

M : I wish we didn't get late penalties for not submitting assignments on time.
W : I missed it, too. I think an assignment deadline window would be a fairer system.
Question : What does the woman mean?

訳　男性：課題を期日に遅れて提出しても，遅延ペナルティを課されなければよいのに。
女性：私も間に合わなかったのよ。課題の締め切りに期間を持たせた方が公平な制度だと思うわ。
質問：女性は何を意味していますか。
(A) 提出日の幅をもっと増やすべきだ。
(B) 彼女は課題を窓口で出したい。
(C) 彼女は授業でまずまずの成績を取った。
(D) 彼女はレポートを遅れて提出したことは一度もない。

解説　課題の提出期限に間に合わなかった2人の会話。女性の発言にあるwindowは「(限られた)短い期間」という意味。したがって，提出日に幅を持たせるべきだという(A)が正解。男性の発言中のsubmitと(D)のturn in 〜は「〜を提出する」という意味。(C)のfairは成績評価を表し「(成績などが)可の」という意味。

## 26. 解答 D  CD1 73

M : Did you hear the computer labs are going to be closed over the holiday?
W : Oh no! I was hoping to get my psychology paper done this weekend.
Question : What does the woman mean?

訳　男性：休みの間コンピュータ室が閉鎖されるって聞いた？
女性：えぇ，うそ！　今週末，心理学のレポートを終わらせたかったのに。
質問：女性は何を意味していますか。
(A) 彼女は週末，ずっと勉強した。
(B) 彼女は心理学の成績がよくなかった。
(C) 彼女は週末前に研究室を閉め忘れた。
(D) 彼女は予定通りに課題を終わらせることができないかもしれない。

解説　女性のI was hoping to 〜「〜したかった」から，結果的に「〜できない」ことが分かる。レポートを終わらせることができない可能性を示している(D)が正解。get 〜 doneは「〜を終わらせる」という意味。

126

## 27. 解答 A　CD1 74

**M**: Are you looking forward to flying back to see your parents this winter?
**W**: I was, but with this dissertation workload, I've had to delay it till the spring.
**Question**: What does the woman imply?

訳　男性：今度の冬，ご両親に会いに飛行機で戻るのが楽しみでしょう？
　　女性：そうだったのだけど，この論文の量を考えると，春まで延期しなければならなくなったの。
　　質問：女性は暗に何を言っていますか。

(A) 彼女は帰省を延期しなければならなくなった。
(B) 彼女の帰りの飛行機がキャンセルされた。
(C) 彼女は冬の間ずっと，駅で働くことになる。
(D) 彼女の両親の訪問は延期になった。

解説　女性の発言のI wasの後には, looking forward to flying back to see my parents this winterが省略されている。but以降から帰省を春まで延期したことが分かるので，(A)が正解。女性の発言中のdelayがput off ～「～を延期する」に言い換えられている。

## 28. 解答 D　CD1 75

**W**: I thought today's student committee meeting would never end.
**M**: Yeah, I think I slept through half of it.
**Question**: What does the man mean?

訳　女性：今日の学生委員会は終わらないのではないかと思ったわ。
　　男性：そうだね，半分は眠っていたと思うよ。
　　質問：男性は何を意味していますか。

(A) 今日，会合は終わらなかった。
(B) 学生の半数しか出席しなかった。
(C) 彼は寝過ごして会合に出られなかった。
(D) 退屈な会合だった。

解説　今日の学生委員会が話題。男性は委員会の半分をslept through「眠り続けた」と思うと言っているので，男性には委員会がboring「退屈な」ものだったと考えられる。したがって，(D)が正解。女性は「終わらないのではないかと思った」と言っているが，実際は終わったので，(A)は不正解。

## 29. 解答 A　CD1 76

**M :** Isn't the TV a little loud?
**W :** I don't think so. I was lost in my reading, so I didn't even notice.
**Question :** What does the woman mean?

訳　男性：テレビの音が少しうるさくない？
　　女性：そんなことないわよ。読書に没頭していたから，気がつきもしなかったわ。
　　質問：女性は何を意味していますか。
　　(A) 彼女は音量に気がつかなかった。
　　(B) 彼女はリモコンを見つけることができなかった。
　　(C) 彼女はそのテレビ番組を見忘れた。
　　(D) 彼女はいつも音読する。

解説　テレビの音量が大きいのではないかと尋ねられると，女性は否定して，I didn't even notice「気がつきもしなかった」と言っているので (A) が正解。be aware of ～は「～に気づく」，女性の発言にある be lost in ～は「～に没頭している」という意味。

## 30. 解答 D　CD1 77

**W :** This is my first poor grade ever! I always got straight A's in history in high school.
**M :** Don't be too hard on yourself. You'll see that Professor Adams rarely gives top marks to freshmen.
**Question :** What does the man imply?

訳　女性：こんなにひどい成績は初めてだわ！　高校では歴史はずっとAだったのに。
　　男性：自分に厳しくし過ぎないで。アダムズ先生は1年生にはめったに最高点をくれないことがそのうち分かるよ。
　　質問：男性は暗に何を言っていますか。
　　(A) 1年生は歴史の授業を取るべきではない。
　　(B) アダムズ教授は一度もAの成績を与えたことがない。
　　(C) 女性は自分で教授と話すべきだ。
　　(D) 女性は自分を責める必要はない。

解説　高校ではずっと好成績だった歴史でひどい成績を取った女性に，男性は Don't be too hard on yourself.「自分に厳しくし過ぎないで」と言っている。be hard on ～は「～に厳しい」という意味。She does not need to blame herself. と言い換えた (D) が正解。

128

# Part B 解答・解説

問題 p.105～107

CD1 78

パートB

指示文：パートBでは，長い会話が流れます。それぞれの会話の後，質問がいくつか流れます。会話と質問は1度しか流れません。

質問を聞いた後，テストブックにある4つの選択肢を読みなさい。そして，最も適切な答えを選びなさい。最後に，解答用紙にある選択肢の番号で，正解に該当するもののマーク欄を塗りつぶしなさい。

メモを取ったりテストブックに書き込みをしたりしてはいけないことに注意してください。

## Questions 31-34

Listen to a conversation between a student and a faculty member discussing a situation at college.

**M :** If I live in residence halls, I will be able to save more cash, but I do like the idea of being off campus and doing things for myself.
**W :** Well, I agree living alone helps build life skills plus it is definitely more private. But starting off in halls means you're close to classes, campus activities, and could have a ready-made social circle.
**M :** Yeah, I guess so ... but if I don't get along with my roommate, it's going to feel like a really long year.
**W :** Not necessarily. Here at this university, when you apply for student housing, we search for a good match based on each applicant.
**M :** Really? Does that work?
**W :** We've had a lot of good feedback so far. We match individual characters and interests. Rather than interviews, our software selects people with similar lifestyles, ways of studying, even how they do their chores!
**M :** Wow! That sounds really helpful. But if problems do occur, is there help at hand?
**W :** Sure. We encourage students to try and talk issues through with their roommates first, but if that doesn't help, you can speak to your residence staff member. Living on campus is a really good idea for freshmen, especially if you've never lived on your own before.
**M :** It's going to be my first time away from home, so I guess it would be better to live in residence halls and then be more independent in my sophomore year. I'm sold! Where do I sign up?
**W :** Check out our online residence application and give as much information as you can—the more you tell us, the better your chance of finding the perfect roommate!

🈁 大学での状況について話し合っている学生と職員の会話を聞きなさい。

男性：学生寮に住めばもっとお金を節約できるのでしょうが，キャンパスから離れて物事を自分でするという考えはいいと思っています。

女性：そうですね，1人暮らしをすると生活のスキルを身につけられるだけでなく，当然プライバシーがずっとありますよね。でも，寮からスタートすると，授業やキャンパス内の活動には近いし，交流関係がもうできているようなものです。

男性：そうですね，そう思います…でも，ルームメートとうまくいかなかったら，とても長い1年間になるような気がするのですが。

女性：そうとは限りません。この大学では，学生寮に申し込むとき，それぞれの申込者に応じて相性がよい相手を探しています。

男性：本当ですか。それでうまくいくのでしょうか。

女性：今までのところはいい反応が多いですよ。一人ひとりの性格や興味で組み合わせます。面接ではなく，こちらのソフトウェアが似通ったライフスタイルや学習方法，雑用のやり方までも参考にして人選するんですよ！

男性：へー！ それは本当に役に立ちそうですね。でも，もし問題が起きたら，すぐに手を貸してもらえるのでしょうか。

女性：もちろんです。学生さんたちにはまず，ルームメートと問題について話し合ってもらうように勧めます。でももしそれでうまくいかなければ，寮の職員に相談することができます。キャンパス内に住むことは1年生には本当によいことです。特に，これまで1人住まいをしたことがない場合は。

男性：家を離れるのは初めてのことなので，寮に住み，それから2年生になってもっと自立する方がよさそうです。納得しました！ どこで申し込むのでしょうか。

女性：オンラインで寮の申し込みをチェックしてください。情報はできるだけたくさんください。多ければ多いほど，ぴったりのルームメートが見つかるチャンスが広がります！

## 31. 解答 B

Question : What are the speakers mainly discussing?

**訳**

質問：話し手たちは主に何について話し合っていますか。

(A) 仲間の学生との問題。
(B) 住む場所の手配。
(C) お金の節約方法。
(D) 性格の差。

**解説**

男性は1年生で、学生寮に住むか学外に住むかで迷い、女性に相談している。したがって、(B) が正解。男性はルームメートとの問題が発生した場合の対処法についても尋ねてはいるが、主な話題ではないので (A) は不正解。live in residence halls, student housing, living on campusは学生寮に関連する語句、being off campus, living aloneは学外に住むことに関連する語句として使われている。

## 32. 解答 C

Question : According to the woman, what is a benefit of living on campus?

**訳**

質問：女性によると、キャンパス内に住むことの利点は何ですか。

(A) 安全性。
(B) プライバシー。
(C) 人付き合い。
(D) 生活のスキル。

**解説**

女性は最初の発言で、1人暮らしの利点に言及しながらも、寮生活の利点を挙げている。その1つとして、(you) could have a ready-made social circle「交流関係がもうできているようなものだ」と伝えている。したがって、(C) が正解。(B) のプライバシーや (D) の生活のスキルについては、1人暮らしの利点として触れられているので不適切。

## 33. 解答 B

**Question**: Why has the roommate matching system been well received?

### 訳

質問：ルームメイトの組み合わせシステムに対する反応がよいのはなぜですか。
(A) 面接が個別に行われたから。
(B) 似た人同士をペアに組むから。
(C) 寮では雑用をする必要がないから。
(D) 学生はよく同じソフトウェアに興味を持つから。

### 解説

女性は3つ目の発言で，ルームメイトの組み合わせに対する反応はよいと伝えている。その理由として，our software selects people with similar lifestyles, ways of studying, even how they do their chores「こちらのソフトウェアが似通ったライフスタイルや学習方法，雑用のやり方までも参考にして人選する」と言っている。したがって，(B) が正解。

## 34. 解答 A

**Question**: What will the man probably do next?

### 訳

質問：男性はおそらく次に何をしますか。
(A) 詳細な個人情報を提供する。
(B) ルームメイトを探し始める。
(C) 2年生向けの住まいを探す。
(D) 今の住まいを売却する。

### 解説

女性は学生寮に住むことの利点や問題が生じたときの対処法を男性に伝えている。それに説得された男性は学生寮に住むことにし，最後に申し込み方法を尋ねている。女性はその方法を伝える際，give as much information as you can—the more you tell us, the better your chance of finding the perfect roommate「情報はできるだけたくさんください。多ければ多いほど，ぴったりのルームメイトが見つかるチャンスが広がります」と言っている。したがって，(A) が正解。

## Questions 35-38

Listen to a conversation between a student and a professor after class.

**M :** Excuse me, Professor Thompson? Do you have a minute?
**W :** Sure, Dan. What do you need?
**M :** In class, you described the mechanical processes of the refrigerator in detail, but, I'd actually like to know about the cultural impact of refrigeration in the early 20th century in America. I'm writing a paper for my Anthropology class.
**W :** Well, refrigeration had a huge effect not only in the way people spent their lives at home or ran their businesses, but it also affected the way people socialized with each other.
**M :** Do you mean people had more parties with chilled drinks?
**W :** Not exactly. It was hard to travel long distances back then, so it was common for people to stop by the houses along the road and ask for drinks. But once people could make ice themselves, they preserved drinks in iceboxes and kept themselves cool and hydrated for longer periods. So, social interaction decreased over time and people became strangers to each other.
**M :** I see. By the way, I heard that refrigeration also affected fashion. Did that also lead to the decline of wearing hats?
**W :** Let's just say that what was once considered essential, and a symbol of status if you had the money, is something that no one cares about buying anymore.
**M :** So, how long did it take before refrigerators became mainstream?
**W :** Less than 30 years. In 1921, 5,000 units were manufactured. In 1937, there were about 6 million of them. But, by 1950, over 135 million Americans had one, which was 90% of the population. And that's considering that the U.S. population was about 150 million then.
**M :** Wow, that's fast progress!

訳 授業が終わった後の学生と教授の会話を聞きなさい。

男性：すみません，トンプソン教授？　ちょっとよろしいですか。
女性：いいわよ，ダン。どうしたの？
男性：授業で，冷蔵庫の機械的な処理過程を詳しく説明してくださいましたが，実は僕は20世紀初頭のアメリカにおける冷蔵保存の文化的な影響について知りたいのです。人類学の授業でレポートを書いているんです。
女性：そうね，冷蔵保存は人々が家庭で生活をしたり事業を経営したりする方法に多大な影響を与えただけではなくて，人々のお互いの付き合い方にまで影響したのよ。
男性：つまり，人々が冷たい飲み物でパーティーをもっと開いたっていうことですか。
女性：そういうことではないの。その頃は長距離を移動するのは大変だったから，道路沿いの家に立ち寄って飲み物をくれるように頼むのが普通だったの。でも，自分たちで氷を作れるようになると，人々はアイスボックスに飲み物を保存して，長時間体を涼しく保ってしっかり水分補給をしたの。だから時を経て社会的交流が減り，人々はお互いに疎遠になっていったのね。
男性：なるほど。ところで，冷蔵保存はファッションにも影響を与えたと聞きました。冷蔵保存は帽子をかぶらなくなることにもつながったんですか。
女性：かつては必要不可欠だと思われていたもの，お金があれば地位の象徴だったものも，もう誰も買おうと思わないものになっているとだけ言っておきましょう。
男性：では，冷蔵庫が主流になるまでにどのくらいかかったのですか。
女性：30年もかかっていないわね。1921年には5,000台が製造されたの。1937年には約600万台あったのよ。でも，1950年までにはアメリカ人の90%に当たる1億3,500万人以上もの人が所有していたのよ。それもそのときのアメリカの人口が約1億5,000万人だということを考えてだからね。
男性：わあ，それは急速な進歩ですね！

## 35. 解答 A

**Question :** What is most likely the professor's academic field?

🗾
質問：教授の専門分野は何であると考えられますか。
(A) 機械工学。
(B) 人類学。
(C) 歴史。
(D) 物理学。

|解説|
男性によると，教授は授業で「冷蔵庫の機械的な処理過程」を説明した。つまり，この教授の専門は (A) 機械工学ということになる。男性の「人類学の授業でレポートを書いている」という発言につられて，(B) を選ばないように注意したい。

## 36. 解答 A

**Question :** What did people often do to stay cool when they traveled, before refrigerators became common?

🗾
質問：冷蔵庫が一般的になる前，人々は移動するときにしばしば何をすることで涼しさを保っていましたか。
(A) 彼らは家々を訪問して飲み物をもらった。
(B) 彼らは道路沿いの店で飲み物を買った。
(C) 彼らは長い休憩を取った。
(D) 彼らは知らない人々の家で夜を過ごした。

|解説|
会話の中ほどで，教授は冷蔵庫がなかった頃の移動について説明している。その中で教授は，人々が道路沿いの家に立ち寄って飲み物を分けてもらったと言っているので，(A) が正解。冷蔵保存がなかったので，暑い時期には長時間飲み物を持ち運ぶことができなかったのである。家に泊めてもらったとは言っていないので，(D) は不適切。

## 37. 解答 D

**Question**: What does the professor imply about hats in the past?

**訳**

質問：教授は過去における帽子について暗に何を言っていますか。
(A) 人々はそれをかぶることを楽しまなかった。
(B) 人々はできることなら買うのを避けた。
(C) 人々はそれが時代遅れだと感じた。
(D) 人々は一番よいものを買いたがった。

**解説**

ポイントとなるのは、後半で教授が what was once considered essential, and a symbol of status if you had the money と発言している部分。the money は、「帽子を買うお金」という意味を表している。帽子を買うお金があればそれが地位の象徴になるということは、お金があれば帽子を買ったということで、選択肢の (D) の内容と一致する。

## 38. 解答 C

**Question**: About how many people owned a refrigerator in 1950?

**訳**

質問：1950年には約何人の人が冷蔵庫を所有していましたか。
(A) 9,000万人。
(B) 1億2,100万人。
(C) 1億3,500万人。
(D) 1億5,000万人。

**解説**

男性が最後に「冷蔵庫が主流になるまでにどのくらいかかったか」と質問しているのに対して、教授は30年以内と答えている。その後、30年間の推移を説明しているが、1950年については、over 135 million Americans had one と述べているので、(C) が正解。(D) の 150 million はそのときのアメリカの人口を表している。

# Part C  解答・解説

問題 p.108〜111

CD1 83

パートC

指示文：パートCでは，いくつかの短い話が流れます。それぞれの話の後，質問がいくつか流れます。話と質問は1度しか流れません。

質問を聞いた後，テストブックにある4つの選択肢を読みなさい。そして，最も適切な答えを選びなさい。最後に，解答用紙にある選択肢の番号で，正解に該当するもののマーク欄を塗りつぶしなさい。

それでは例題です。
音声では以下の部分が流れます。

Listen to an instructor talk to his class about an online post.
I want to tell you about a website that you should all visit, universe101.org. This is a great place to learn about stars, comets, planets and other cosmic phenomena. A new post appeared there today about the sun, written by physics professor Jessica Watts. She explains how and why the sun formed, its role in our solar system, and how it impacts earth in ways ranging from orbital position to climate conditions. The post includes amazing new satellite images, along with computer graphics that are quite impressive. It ties to course material that we will be studying later on this semester.
Question: What is the main purpose of the online post?

講師が授業で，あるインターネットでの投稿について話すのを聞きなさい。
皆さんにぜひ見てもらいたい，あるウェブサイトについて話したいと思います。universe101.orgです。これは，恒星や彗星，惑星，そのほかの宇宙で見られる現象について学ぶことができる素晴らしいサイトです。今日新たに掲載された投稿は太陽に関する記事で，物理学の教授であるジェシカ・ワッツ氏が執筆しました。彼女は，太陽が成り立った経緯とその背景，太陽系における太陽の役割，そして地球の軌道位置から気象条件に至るまで太陽がいかに影響を及ぼすかについて説明しています。記事には，素晴らしい新たな衛星写真と，非常に印象的なコンピュータグラフィックスも含まれています。今学期にこれから学習する題材と関係があります。

質問：そのインターネットでの投稿の主な目的は何ですか。

テストブックには以下の選択肢があります。
(A) ある有力な物理学教授を紹介するため。
(B) 宇宙に関するある理論を発表するため。
(C) 太陽のさまざまな側面を考察するため。
(D) 衛星からの新しい写真を調査するため。

「そのインターネットでの投稿の主な目的は何ですか」という質問に対して最も適切な答えは (C) の「太陽のさまざまな側面を考察するため」です。したがって，正しい選択肢は (C) です。

メモを取ったりテストブックに書き込みをしたりしてはいけないことに注意してください。

## Questions 39-42

Listen to a talk about the history of blues.

Does anyone know what jazz, rock and roll, and R&B have in common? They all come from or were heavily influenced by blues. Yes, the music that your dad might listen to. However, blues is an important and original American form of music that started in the southern United States in the late 1800s. It's a mix of traditional African music and European folk music. African-American farmers would sing to raise their spirits as they worked in the fields. Blues is known for call and response, where musicians directly respond to something sung or shouted by other musicians. It is also known for its sad lyrics often about romantic heartbreak or misfortune in life.

Although blues started in the Mississippi delta, by the 1920s it spread to other parts of the country. When it got to Chicago, musicians plugged their guitars in to amplifiers and blues became electrified. Around the 1950s, blues traveled overseas, spread by African-American musicians such as Muddy Waters. Really famous rock bands, I'm sure you've heard of, such as the Rolling Stones and Led Zeppelin were heavily influenced by blues. These groups created a fusion of blues and rock and roll called blues rock. Today, blues influences continue in rock and R&B music.

🈩 ブルースの歴史に関する話を聞きなさい。

　ジャズ，ロックンロール，リズム&ブルースの共通点を知っている人はいますか。どれもブルースに由来しているか，強い影響を受けたのです。そうですね，皆さんのお父さんが聞いているかもしれない音楽です。ただ，ブルースは1800年代後半にアメリカ南部で生まれた，重要なアメリカ独自の音楽形式です。伝統的なアフリカ音楽とヨーロッパの民族音楽が融合したものです。アフリカ系アメリカ人の農民たちは農作業の際，士気を高めるために歌を歌っていました。ブルースはコールアンドレスポンスが有名ですが，それはミュージシャンがほかのミュージシャンの歌詞や叫びに直接応答するものです。また，主に失恋や人生の不運を綴った悲しい歌詞でも知られています。

　ブルースはミシシッピのデルタ地帯が発祥ですが，1920年代までには国の各地に広がりました。シカゴに到達すると，ミュージシャンはギターをアンプにつなぎ，ブルースはエレキ化しました。1950年代頃には，ブルースはマディ・ウォーターズなどのアフリカ系アメリカ人ミュージシャンによって広まり，海外にも伝わりました。皆さんもきっと聞いたことがあると思いますが，とても有名なロックバンドのローリング・ストーンズやレッド・ツェッペリンなどは，ブルースから強い影響を受けました。これらのグループは，ブルースロックと呼ばれるブルースとロックンロールの融合を作り上げました。今日でも，ブルースの影響はロックやリズム&ブルースの音楽で続いているのです。

## 39. 解答 C

**Question : What is the talk mainly about?**

訳

質問：この話は主に何についてですか。

(A) ブルースはなぜそれほど悲しいのか。
(B) ブルースがどのようにしてロックバンドを有名にしたのか。
(C) ブルースの起源と拡大。
(D) 電気アンプの開発。

解説

この話ではブルースの発祥地や特徴，発展，影響などが年代を追って述べられている。したがって，(C) が正解。ブルースの悲しい歌詞，ブルースから影響を受けたロックバンド，アンプについての言及はあるが，話の中心ではない。

## 40. 解答 B

**Question : Why does the speaker mention rock and R&B?**

訳

質問：話し手はなぜロックやリズム＆ブルースについて言及しているのですか。

(A) それらがブルースよりも人気があることを示すため。
(B) それらがブルースの影響を受けたことを示すため。
(C) ブルースロックの成り立ちについて説明するため。
(D) コールアンドレスポンスについて説明するため。

解説

ロックとリズム＆ブルースについては，話の最初と最後で触れられている。最後の部分で，Today, blues influences continue in rock and R&B music.「今日でも，ブルースの影響はロックやリズム＆ブルースの音楽で続いている」と述べられている。これを「それらがブルースの影響を受けた」と言い換えている (B) が正解。

## 41. 解答 D

**Question**: What happened when blues reached Chicago?

### 訳
質問：ブルースがシカゴに到達したときに何が起きましたか。
(A) それは海外に広まった。
(B) それはブルースロックとして知られるようになった。
(C) それは農民の間で人気が出た。
(D) それはエレキ化した。

### 解説
第２段落第２文で When it got to Chicago, musicians plugged their guitars in to amplifiers and blues became electrified.「シカゴに到達すると，ミュージシャンはギターをアンプにつなぎ，ブルースはエレキ化しました」と述べられている。したがって，(D) が正解。

## 42. 解答 C

**Question**: What does the speaker say about Muddy Waters?

### 訳
質問：話し手はマディ・ウォーターズについて何と言っていますか。
(A) 彼はコールアンドレスポンスを発明した。
(B) 彼は最初にギターをアンプにつないだ。
(C) 彼はブルースを海外に広めるのに助力した。
(D) 彼はイギリス人のロックミュージシャンだった。

### 解説
マディ・ウォーターズの名前が出てくるのは後半である。第２段落中ほどに Around the 1950s, blues traveled overseas, spread by African-American musicians such as Muddy Waters.「1950年代頃には，ブルースはマディ・ウォーターズなどのアフリカ系アメリカ人ミュージシャンによって広まり，海外にも伝わりました」とある。したがって，(C) が正解。マディ・ウォーターズはアフリカ系アメリカ人なので (D) は不正解。

## Questions 43-46

Listen to a talk about art.

In the late 19th century, European artists developed a style of painting called Impressionism that broke away from Realism in favor of using dots or short splashes of paint to capture the feeling of a scene rather than the details. Believe it or not, these artists were influenced by the art of a faraway Asian country in the Far East. If you guessed Japan, you are correct. Japan opened up to foreign trade in the 1800s and this led to Japanese art and craft coming into Europe. Japanese cultural items such as ukiyo-e woodblock prints, vases, and textiles became popular throughout the major art centers of Europe.

What was it about Japanese artwork that so inspired European artists such as the Impressionists? These artists were not only struck by the exotic scenes of everyday Japanese life but also by the unique techniques of Japanese artists. Japanese art often used bold colors, was flat with no shadows, and showed exaggerated eyes to heighten facial expressions. These were new to Europeans and they copied or used these styles in their art. Van Gogh himself collected ukiyo-e and you can see its influence in several of his paintings. Artists were even influenced by Japanese gardens as evidenced by Monet's painting of his own Japanese garden. Even today, many of the most prized Japanese artworks are displayed in museums outside of Japan. At some exhibits, traditional Japanese artwork and works by European artists are displayed side-by-side and visitors can directly see the similarities.

**訳** 芸術に関する話を聞きなさい。

　19世紀後半，ヨーロッパの画家は印象派と呼ばれる絵画様式を生み出しましたが，これは写実主義から離れて，点や短いストロークで絵の具を使うことを好み，細部よりむしろ場面が持つ感覚を捉えようとしたものです。信じられないかもしれませんが，これらの画家は極東にあるはるかに離れたアジアの国の芸術から影響を受けたのです。日本だと思った人は正解です。日本は1800年代に開国し，これにより日本の芸術や工芸がヨーロッパにもたらされました。木版刷りの浮世絵や花瓶，織物といった日本文化の品々はヨーロッパの主要な芸術の中心地で人気を博したのです。

　日本の芸術作品の何が，印象派のようなヨーロッパの画家にそれほどまで影響を与えたのでしょうか。これらの画家は日本の日常生活の異国的な場面にだけでなく，日本人の芸術家の特異な手法にも衝撃を受けました。日本の作品ではよく大胆な色使いが見られ，陰影がなく平坦で，顔の表情を際立たせるために目が誇張されていました。これらはヨーロッパの人々には新鮮で，彼らは自らの作品の中でそのスタイルを模倣したり，用いたりしたのです。ヴァン・ゴッホ自身も浮世絵を収集しており，彼の絵画の中にはその影響が見られるものもあります。日本庭園に影響を受けた画家までいて，モネが自身の日本庭園を描いた絵画からも明らかです。今日でも，極めて貴重な日本の作品の多くが日本国外の美術館に展示されています。伝統的な日本の作品とヨーロッパの画家による作品とを並べて展示している展覧会もあり，訪れた人々はその類似性を直接見ることができます。

## 43. 解答 B

**Question : What is the talk mainly about?**

### 訳
質問：この話は主に何についてですか。
(A) どのようにして印象派が日本の芸術家によって始まったか。
(B) 日本はヨーロッパの画家にどのような影響を与えたか。
(C) どのようにして日本が1800年代，西洋に開国したか。
(D) どのようにして日本とヨーロッパの芸術家が共に作品を作ったか。

#### 解説
この話は印象派が受けた日本芸術の影響について述べられている。したがって，(B) が正解。印象派を始めたのは日本人の芸術家ではないので，(A) は不正解。1800年代に日本が開国したことにも触れられているが，話の中心ではないので，(C) も不正解。(D) のような話はない。

## 44. 解答 C

**Question : Why were the Impressionists influenced by Japanese art?**

### 訳
質問：なぜ印象派の画家は日本の芸術に影響されたのですか。
(A) ヨーロッパで勉強するために日本が芸術家を派遣したから。
(B) ヨーロッパからの訪問者たちが日本の芸術を母国に持ち帰ったから。
(C) 日本人の芸術家がヨーロッパの人々とは異なる様式を用いていたから。
(D) ヴァン・ゴッホが日本の芸術を宣伝したから。

#### 解説
日本の芸術が印象派のようなヨーロッパの画家に影響を与えた理由については，第2段落で述べられている。These artists were not only struck by the exotic scenes of everyday Japanese life but also by the unique techniques of Japanese artists.「これらの（＝ヨーロッパの）画家は日本の日常生活の異国的な場面にだけでなく，日本人の芸術家の特異な手法にも衝撃を受けました」とある。特異な手法というのは，ヨーロッパの画家とは異なる様式なので，(C) が正解。

## 45. 解答 B

> **Question**: What are some of the characteristics of Japanese art mentioned in the talk?

**訳**

質問：話の中で日本の芸術についてどのような特徴が言及されていますか。

(A) それは点や短いストロークで絵の具を使った。
(B) それは感情を強調するのに目を使った。
(C) それは細部や写実に重点を置いた。
(D) それは質感や陰に重点を置いた。

**解説**

日本の芸術の特徴については第2段落で, Japanese art often used bold colors, was flat with no shadows, and showed exaggerated eyes to heighten facial expressions.「日本の作品ではよく大胆な色使いが見られ, 陰影がなく平坦で, 顔の表情を際立たせるために目が誇張されていました」と述べられている。したがって, (B) が正解。(A) は印象派の特徴, (C) は印象派以前の特徴, (D) の陰は日本の芸術の特徴とは逆。

## 46. 解答 B

> **Question**: What does the speaker say about Japanese gardens?

**訳**

質問：話し手は日本庭園について何と言っていますか。

(A) それはヨーロッパの庭園から発展した。
(B) それは印象派の画家の一部に影響を与えた。
(C) それは富裕層の間で人気が出た。
(D) それは日本の芸術では人気の高いテーマだった。

**解説**

日本庭園については最後の方でArtists were even influenced by Japanese gardens as evidenced by Monet's painting of his own Japanese garden.「日本庭園に影響を受けた画家までいて, モネが自身の日本庭園を描いた絵画からも明らかです」と述べられている。モネは印象派の画家の例として挙げられているので, (B) が正解。

## Questions 47-50

Listen to a professor talk about water on Mars.

The question of whether or not Mars has water, and in what form, has been around for a long time. In addition, the presence of water could lead to evidence of life on the planet. A few hundred years ago, when scientists observed Mars through telescopes, they believed that the visible large dark patches were like the oceans on Earth. But they soon learned that those were just patches of vast dry flatlands. Yes, Mars has water, but it's all concentrated in the north and south poles of the planet. It's so cold in those regions that any water that's there is frozen. However, when we look at the surface of Mars, we see things such as channels and valleys that look like dried-up lakes and rivers. This tells us that Mars once had rivers, lakes, and maybe even oceans full of water. The question we're asking now is does Mars have flowing water.

The good news is that America's space agency NASA may have discovered signs of liquid water on the planet. Recently, an unmanned spaceship called the Mars Reconnaissance Orbiter, or MRO, used a special camera to capture thin streaks flowing down a crater. Scientists think these streaks may be flowing water during the warmer seasons. On the ground, the Mars *Curiosity* rover has bolstered this find with close-up pictures of the crater. These are exciting discoveries that just might lead us to finding life on Mars. Thus, the discovery of water and subsequent potential for harboring life on Mars is an ongoing quest.

🈞 火星の水について教授が話すのを聞きなさい。

　火星に水が存在するかどうか，またどのような形態で存在するかという疑問は，長い間議論されてきました。さらに，水の存在は惑星に生命体が存在する証拠につながり得るものです。数百年前，科学者が望遠鏡で火星を観察したときには，目に見える大きな暗い区画は地球にある海のようなものだと考えられました。しかし，すぐにそれは広大で乾燥した平地にすぎないことが分かりました。確かに，火星には水があります。ただ，すべてこの惑星の北極と南極に集中しています。これらの場所は気温がとても低いため，そこにあるどんな水も凍っています。しかし，火星の表面を見ると，運河や谷などのものを見ることができ，それらは干上がった湖や川のようです。このことから，火星にはかつて川や湖，もしかすると大量の水を湛えた海さえあったかもしれないことが分かります。今私たちが持つ疑問は，火星には流水があるかどうかということです。

　よい知らせは，アメリカの宇宙機関NASAが，この惑星に液体の水の兆候を発見した可能性があることです。最近，マーズ・リコネッサンス・オービター，MROという無人探査機が特殊なカメラを用いてクレーターを流れる複数の細い筋を捉えました。科学者は，これらの筋は暖かい季節に流れる水かもしれないと考えています。地表では，火星探査機キュリオシティがクレーターをクローズアップで写真撮影し，この発見の信憑性は高まっています。これは，火星に生命体を発見できるかもしれないことにつながるワクワクする発見です。そういうわけで，水の発見とそれに続く火星での生命体の可能性は，現在も探求され続けているのです。

## 47. 解答 D

**Question:** What is the talk mainly about?

**訳**

質問:この話は主に何についてですか。
(A) 火星に以前存在していた広大な海。
(B) 火星の生命体の兆候。
(C) 火星で水がどのように出現したか。
(D) 火星にある液体の水。

**解説**

冒頭から,火星に水が存在するかどうか,存在するならどのような形態なのかに関する内容であることが分かる。すでに凍った状態の水の存在は確認されているが,flowing water「流水」,つまり liquid water「液体の水」の存在はまだ可能性の域にあり,これが話の中心になっている。したがって,(D) が正解。水の存在は生命体の存在の可能性につながるが,話の中心ではないので,(B) は不正解。

## 48. 解答 B

**Question:** Why does the professor mention dark patches?

**訳**

質問:教授はなぜ暗い区画に言及しているのですか。
(A) 火星に水があることを証明するため。
(B) そこがかつて海だと考えられていたことを示すため。
(C) キュリオシティによる発見を強調するため。
(D) 火星がなぜとても寒いのかを説明するため。

**解説**

第1段落第3文で暗い区画について,they(=scientists) believed that the visible large dark patches were like the oceans on Earth「目に見える大きな暗い区画は地球にある海のようなものだと考えられました」と述べられている。したがって,(B) が正解。

## 49. 解答 A

> **Question :** Why do scientists think Mars had lots of liquid water in the past?

### 訳

質問：科学者はなぜ火星には昔，大量の液体の水があったと考えていますか。

(A) そこには谷や運河などの特徴があるから。
(B) それは地球とほぼ同じ大きさだから。
(C) その大気中に水があるから。
(D) そこには生命体の兆候があるから。

### 解説

前半に when we look at the surface of Mars, we see things such as channels and valleys that look like dried-up lakes and rivers「火星の表面を見ると，運河や谷などのものを見ることができ，それらは干上がった湖や川のようです」という発言がある。さらに，This tells us that Mars once had rivers, lakes, and maybe even oceans full of water.「このことから，火星にはかつて川や湖，もしかすると大量の水を湛えた海さえあったかもしれないことが分かります」と続いている。したがって，運河や谷のような痕跡は，大量の水が存在していた可能性を示唆することが分かるので，(A) が正解。

## 50. 解答 B

> **Question :** What does the professor say about the possible flowing water discovered?

### 訳

質問：教授は発見された流水と思われるものについて何と言っていますか。

(A) それは極地の近くに位置する。
(B) それは暖かい季節に流れるかもしれない。
(C) それは地下に存在する。
(D) それは人類が火星に住むことができる証明である。

### 解説

流水の発見については後半で話されている。Scientists think these streaks may be flowing water during the warmer seasons.「科学者は，これらの筋は暖かい季節に流れる水かもしれないと考えています」と述べているので，(B) が正解。極地の近くに存在するのは凍った水なので，(A) は不正解。

151

# Practice Test 2  問題

(CD2) 1 ~ 10　　　　　　　　　　Part A

1. (A) James has not been sick since last week.
   (B) They are not sure why James has been absent from classes.
   (C) The man met James last week.
   (D) James became sick last week during the class.

2. (A) He got lost on his way to the class.
   (B) He did not have time to go to the class.
   (C) He cannot lend her his notes.
   (D) He fell asleep during the class.

3. (A) The man should hurry up and change majors.
   (B) The man should wait until the end of the month.
   (C) She would also like to change majors.
   (D) The man has plenty of time to switch majors.

4. (A) He thought the seminar was boring.
   (B) He thinks last week's seminar was more interesting.
   (C) He does not want to attend next week's seminar.
   (D) He found the seminar more interesting than last week.

5. (A) The woman will not be able to find a job.
   (B) The woman will have time to study.
   (C) The woman should not have a part-time job.
   (D) The woman will be able to buy textbooks.

Practice Test 2では，Directionsを省略しています。

6. (A) She completely forgot about the concert.
   (B) Her meeting finished later than expected.
   (C) She was late to the concert.
   (D) She thought the concert was canceled.

7. (A) The party is not a good idea.
   (B) The party should be held on Monday.
   (C) The party is more important than the mid-term paper.
   (D) She wants to do the mid-term paper at the party.

8. (A) The woman did not want to keep the book any longer.
   (B) The man wants to reserve the book for himself.
   (C) The book should be returned immediately.
   (D) The woman lost the book last week.

9. (A) Read the book with the man.
   (B) Help the man when she has finished reading.
   (C) Fix the printer right away.
   (D) Help the man the next day.

10. (A) Buy her books in the college bookstore sale.
    (B) Wait until next semester to buy anything.
    (C) Make a list of which books she needs.
    (D) Look for books in off-campus stores.

11. (A) The man should look in his own room.
    (B) Somebody else has the stapler.
    (C) She used the stapler herself.
    (D) She lost the stapler earlier in the day.

12. (A) He will not be able to go to the exhibition.
    (B) He promised he would go to the exhibition with Jason.
    (C) He has already been to the exhibition.
    (D) He is not interested in the exhibition.

13. (A) The man does not need to have the immunizations.
    (B) The man should come back another day.
    (C) No appointment is needed for immunizations.
    (D) There are no appointments at 2 p.m. today.

14. (A) She has to write her résumé, so she cannot go.
    (B) She will go after she finishes her meeting.
    (C) She is going to the careers fair.
    (D) She wants to meet the man before the careers fair.

15. (A) The professor's lectures are not easy to understand.
    (B) The man can understand the lectures perfectly.
    (C) The man does not understand what the woman means.
    (D) The woman wants the man to speak to the professor.

**16.** (A) She has not been feeling well, so she has not started yet.
  (B) She cannot decide what to do for her research project.
  (C) She decided not to do the project.
  (D) She wants the man to help her choose a topic.

**17.** (A) The man should attend a talk given by the professor.
  (B) The man should stop talking to her about it.
  (C) The man needs to ask his professor for advice.
  (D) She will talk to the professor for the man.

**18.** (A) Call Jo straight away.
  (B) Inform Jo about the cancellation.
  (C) Call the library.
  (D) Go to the library with the woman.

**19.** (A) She does not want to listen to the man.
  (B) She will help the man if he helps her.
  (C) She will go running with the man.
  (D) She has already given her presentation.

**20.** (A) Emma will be surprised if they do not show up.
  (B) She has to write a list of names for Emma.
  (C) She will go to the meeting on her own.
  (D) Emma told her they do not have to go to the meeting.

**CD 2** **21** ~ **30**

**21.** (A) The woman should pay Jason for the groceries.
   (B) He does not like grocery shopping.
   (C) The woman should pay him for the groceries.
   (D) The woman does not need to pay anyone for the groceries.

**22.** (A) They arrange something without telling Austin.
   (B) They do not do anything for Austin's birthday.
   (C) They check with Austin to see if he is available.
   (D) They ask Austin when his birthday is.

**23.** (A) Keep his bike in her room.
   (B) Leave his bike outside.
   (C) Not buy a bike.
   (D) Put the bike in the storage room.

**24.** (A) She needs to identify which key the man has lost.
   (B) She needs to verify the man's documents.
   (C) She wants the man to replace the key himself.
   (D) She is unable to give the man another key.

**25.** (A) She will help the man to finish the assignment.
   (B) She does not have time to help the man.
   (C) The man should ask for more time to finish the assignment.
   (D) The man should finish the assignment on his own.

**26.** (A) He prefers living in a dorm.
  (B) He wants to move to a new place.
  (C) He wants the woman to live with him.
  (D) He is currently living off campus.

**27.** (A) She does not want to lend the man the textbook.
  (B) She does not know where the textbook is.
  (C) She will be finished using the textbook soon.
  (D) She thinks the textbook is too long.

**28.** (A) They do not need to practice the presentation.
  (B) The presentation is too difficult to practice.
  (C) They should practice the presentation by themselves.
  (D) They need to arrange a get-together with everyone.

**29.** (A) The woman made the right decision.
  (B) The woman should choose a harder program.
  (C) He will probably major in Engineering.
  (D) He wants to choose the same major as the woman.

**30.** (A) The woman thinks the man is being unreasonable.
  (B) The man does not want to eat vegetables.
  (C) The man would prefer to eat somewhere else.
  (D) The Arts Center Café is not open at lunchtime.

CD 2  31 ~ 34                              Part B

**31.** (A) Bioenergy sources.
   (B) How to solve the world's energy crisis.
   (C) Waste and environmental pollution.
   (D) The sugarcane industry in Brazil.

**32.** (A) It will be discussed in the next class meeting.
   (B) It was not covered in any lectures.
   (C) It will probably appear in the exam.
   (D) She is worried about the world's energy sources.

**33.** (A) It is a waste of resources.
   (B) It takes too long to make.
   (C) It can be used to power vehicles.
   (D) It is only available in Brazil.

**34.** (A) Go to class.
   (B) Continue studying somewhere else.
   (C) Study until the library closes.
   (D) Go their separate ways.

**35.** (A) A volunteer opportunity.
  (B) Future careers.
  (C) Their weekly schedules.
  (D) College assignments.

**36.** (A) The program was not available at that time.
  (B) She had a hard time settling into college life.
  (C) The program was not popular enough.
  (D) She did not meet the application requirements.

**37.** (A) You have to wait in line before entering the building.
  (B) It is not possible to cancel once you have signed up.
  (C) The Tuesday session is not full yet.
  (D) It is a good place to find a career.

**38.** (A) Wait until next year to join.
  (B) Go to the session with the woman.
  (C) Sign up for 4 hours a week.
  (D) Try and finish his assignments.

Part C

**39.** (A) What to do in case of an earthquake.
(B) The history of earthquake science.
(C) Human ability to predict earthquakes.
(D) How animals predict earthquakes.

**40.** (A) It allows scientists to accurately predict earthquakes.
(B) It shows that predicting earthquakes is futile.
(C) It helps us to tell when an earthquake may happen.
(D) It shows us where fault lines can be found.

**41.** (A) Even animals are better at predicting earthquakes than we are.
(B) Animals are important to the future of earthquake prediction.
(C) Scientists are working with toads to develop a prediction system.
(D) Pet-keepers have a higher chance of surviving an earthquake.

**42.** (A) Scientists still do not know how earthquakes are caused.
(B) Extremely high pressure is building up in the earth's surface.
(C) The movement of the plates is too fast to follow.
(D) The different plates affect each other in different ways.

**43.** (A) How Alexander conquered so much of the world.
  (B) Where and how Alexander died.
  (C) What Alexander left behind after his death.
  (D) Why some people in India speak Greek.

**44.** (A) He was an admirer of Greek philosophy.
  (B) He was a highly skilled general.
  (C) He built many cities.
  (D) He was a highly religious man.

**45.** (A) It affected the strategies he used in battle.
  (B) It was the greatest threat to his empire.
  (C) It was the source of the knowledge he spread.
  (D) It was where he recruited many of his soldiers.

**46.** (A) There are Buddhist statues that look like a Greek god.
  (B) People in Afghanistan speak Greek.
  (C) Twenty cities are called Great Alexandria today.
  (D) Alexandria is the largest city in Egypt.

**47.** (A) How to be happy with fewer things.
    (B) How Viktor Frankl survived the Holocaust.
    (C) The importance of meditation and happiness.
    (D) The real meaning of happiness.

**48.** (A) To show that happiness is about pleasure.
    (B) To show that happiness has changed through time.
    (C) To show that the definition focuses on physical things.
    (D) To show that most people can easily attain happiness.

**49.** (A) Having a balance between wealth and morality.
    (B) Having the right mindset.
    (C) Having many close friends.
    (D) Pursuing as much enjoyment as possible.

**50.** (A) It comes after suffering.
    (B) It should be done in moderation.
    (C) It leads to emptiness.
    (D) It happens if you focus on it.

# CHAPTER 2

## Practice Test 2

# Practice Test 2 　解答・解説

## 解答一覧

### Part A

| 1 | B | 11 | B | 21 | A |
| 2 | C | 12 | A | 22 | C |
| 3 | A | 13 | B | 23 | D |
| 4 | D | 14 | C | 24 | B |
| 5 | C | 15 | A | 25 | A |
| 6 | B | 16 | B | 26 | A |
| 7 | A | 17 | C | 27 | C |
| 8 | C | 18 | B | 28 | C |
| 9 | B | 19 | B | 29 | A |
| 10 | A | 20 | A | 30 | C |

### Part B

| 31 | A | 35 | A |
| 32 | C | 36 | D |
| 33 | C | 37 | C |
| 34 | B | 38 | B |

### Part C

| 39 | C | 43 | C | 47 | D |
| 40 | C | 44 | B | 48 | C |
| 41 | A | 45 | C | 49 | B |
| 42 | D | 46 | A | 50 | C |

# Part A 解答・解説

問題 p.152〜157

## 1. 解答 B　CD2-1

**W**: I'm worried about James. He's missed a lot of classes recently.
**M**: Well, I heard he was sick last week, but I'm not so sure.
**Question**: What do we learn from the conversation?

**訳** 女性：ジェームズのことが心配だわ。最近よく授業を欠席するもの。
男性：うん，先週病気だって聞いたけれど，よく分からないんだ。
質問：この会話から何が分かりますか。
(A) ジェームズは先週以来病気ではない。
(B) 彼らはジェームズがなぜ授業を欠席しているのか分からない。
(C) 男性は先週ジェームズに会った。
(D) ジェームズは先週授業中に気分が悪くなった。

**解説** ポイントとなるのは，I heard 〜「〜と聞いた」という男性の発言。I'm not so sure「よく分からない」と言っているので，結局男性も女性もジェームズが授業をよく欠席する理由を知らない。したがって，(B) が正解。

## 2. 解答 C　CD2-2

**W**: Can I borrow your notes from yesterday's class?
**M**: I didn't go to that class, either. I overslept again!
**Question**: What can be inferred about the man?

**訳** 女性：昨日の授業のノートを貸してもらえる？
男性：僕もあの授業には出なかったんだ。また寝坊したんだよ！
質問：男性について何が推測できますか。
(A) 彼は授業に行く途中で道に迷った。
(B) 彼は授業に出る時間がなかった。
(C) 彼は彼女にノートを貸せない。
(D) 彼は授業中に居眠りをした。

**解説** 男性は，I didn't go to that class, either.「僕もあの授業には出なかった」と言っている。その理由は，I overslept again!「また寝坊した」からであり，(A) や (B) には一致しない。また，授業には出ていないのだから，「授業中に居眠りをした」という (D) も合わない。結局，授業には出ていないのでノートは貸せないということで，(C) が正解。

165

## 3.  解答 A

**M**: I'm thinking about switching majors. I'm really not enjoying Geography at all.
**W**: Make sure you don't miss the deadline. It's the end of this month.
**Question**: What does the woman imply?

訳　男性：専攻科目を変更しようかと思っているんだ。地理は全然楽しくないんだな。
女性：締め切りに遅れないようにね。今月末よ。
質問：女性は暗に何を言っていますか。
(A) 男性は急いで専攻科目の変更をするべきだ。
(B) 男性は月末まで待つべきだ。
(C) 彼女も専攻科目を変更したいと思っている。
(D) 男性は専攻科目を変更するのに時間がたっぷりある。

解説　switch は「〜を切り替える」という意味。switching majors から，男性が大学の専攻科目の選択について述べていることが分かる。それに対して，女性は「締め切りに遅れないように」，つまり「締め切りまでに急いで変更しなさい」ということを言っているので，(A) が正解。make sure は「確実に〜する」，miss the deadline は「締め切りを逃す」という意味。

## 4.  解答 D

**W**: I really enjoyed the guest lecturer's seminar this week.
**M**: Yeah, it was a big improvement on last week's one.
**Question**: What does the man mean?

訳　女性：今週のゲスト講師のセミナーは本当によかったわ。
男性：うん，先週のセミナーからは大きな進歩だったね。
質問：男性は何を意味していますか。
(A) 彼はセミナーが退屈だと思った。
(B) 彼は先週のセミナーの方が興味深かったと思っている。
(C) 彼は来週のセミナーには出たくないと思っている。
(D) 彼はセミナーが先週よりも興味深いと思った。

解説　女性が「今週のセミナーは本当によかった」と言っているのに対して，男性はYeahと言っているので，男性も今週のセミナーがよかったと認めていることが分かる。その後のitは，女性の発言中にあるthe guest lecturer's seminar this weekのこと。今週のセミナーが先週のセミナーと比較すると大きな進歩だということが分かるので，(D) が正解。男性の発言の最後にあるone は seminar を指している。

## 5. 解答 C

**W**: I'm thinking of getting a part-time job, but I'm worried I won't have enough time to study.
**M**: Well, you should always put the books first, shouldn't you?
**Question**: What does the man imply?

訳 女性：アルバイトをしようかと思うんだけれど，勉強の時間が足りなくなるんじゃないかと心配なのよ。
男性：そうだね，常に勉強を最優先しなくちゃね。
質問：男性は暗に何を言っていますか。
(A) 女性は仕事を見つけられないだろう。
(B) 女性は勉強する時間が取れるだろう。
(C) 女性はアルバイトをすべきではない。
(D) 女性は教科書を買うことができるだろう。

解説 put ～ first は「～を第1に考える」という意味。女性が I'm worried I won't have enough time to study と言っているのに対して，男性は you should always put the books first と言っているが，books は study の意味で使われているので，アルバイトよりも勉強を優先すべきだということ。したがって，(C) が正解。

## 6. 解答 B

**M**: What happened to you last night? You missed the concert!
**W**: I'm sorry. The meeting heated up, and I couldn't get away!
**Question**: What can be inferred about the woman?

訳 男性：夕べはどうしたの？ コンサートに来なかったじゃない！
女性：ごめんなさい。会議がヒートアップして抜けられなかったの！
質問：女性について何が推測できますか。
(A) 彼女はコンサートのことを完全に忘れていた。
(B) 彼女の会議が終わるのが思ったよりも遅かった。
(C) 彼女はコンサートに遅れて行った。
(D) 彼女はコンサートが中止になったと思っていた。

解説 男性が You missed the concert! と言ったのに対して，女性は The meeting heated up と言っている。heat up は「激化する」という意味。女性が出席していた会議の議論が激しくなったので，抜けられなかったことが分かる。したがって，(B) が正解。男性が You missed the concert! と言っているので，(C) は不正解。

## 7. 解答 A (CD2-7)

**M**: I think we should have the party this weekend.
**W**: Really? What about the mid-term paper? It's due on Monday.
**Question**: What does the woman imply?

訳　男性：パーティーは今週末にすべきだと思うんだ。
　　女性：本当に？ 中間レポートはどうするの？ 月曜日が提出の締め切りよ。
　　質問：女性は暗に何を言っていますか。

(A) パーティーはよい考えではない。
(B) パーティーは月曜日にすべきだ。
(C) パーティーは中間レポートよりも大切だ。
(D) 彼女はパーティーで中間レポートを書きたい。

**解説** 男性が「今週末にパーティーをすべきだ」と言ったのに対して，女性は「中間レポートはどうするの？」と質問している。What about ～？は「～はどうなのか」という意味。女性は「月曜日が締め切りのレポートを書かなければならないのに，パーティーをしている場合ではない」と思っているので，(A) が正解。

## 8. 解答 C (CD2-8)

**W**: Can I renew this book for one more week?
**M**: I'm sorry, this book has been reserved by another student.
**Question**: What do we learn from the conversation?

訳　女性：この本をもう1週間延長できますか。
　　男性：あいにく，この本は別の学生が予約しています。
　　質問：この会話から何が分かりますか。

(A) 女性はもうそれ以上その本を持っていたくなかった。
(B) 男性はその本を自分のために予約したいと思っている。
(C) その本はすぐに返却されなければならない。
(D) 女性は先週その本をなくした。

**解説** 女性の発言は，これまで借りていた本をあと1週間延長したいという主旨。それに対して，本は別の学生によって予約されていると男性が言っているので，予定外の延長はできないことが分かる。つまり，すぐに本を返却しなければならないので，(C) が正解。has been reservedは，「すでに予約されている」という意味。

## 9. 解答 B

**M**: Can you give me a hand with the printer? It doesn't seem to work.
**W**: I'll be right with you, as soon as I've finished reading this page.
**Question**: What will the woman probably do next?

**訳** 男性：ちょっとプリンターのことで助けてもらえる？ 動かないみたいなんだ。
女性：このページを読んだらすぐに行くわ。
質問：女性はおそらく次に何をしますか。
(A) 男性と一緒に本を読む。
(B) 読み終えたら男性を手伝う。
(C) プリンターをすぐに修理する。
(D) 翌日男性を助ける。

**解説** give 〜 a hand (with …) は「(…に関して)〜を手助けする」という意味。男性が女性に助けを求めているのに対して、女性は、「(今は本を読んでいるが)今読んでいるページを読み終えたらすぐに行く」と言っている。したがって、(B) が正解。男性の発言中のItはthe printerを指す。

## 10. 解答 A

**W**: There are so many books on the list for next semester. I need to start looking now.
**M**: The college bookstore sometimes has discounts and also sells used copies, so you should look there first.
**Question**: What does the man suggest the woman do?

**訳** 女性：来学期のリストにはとてもたくさんの本が載ってるわ。今から探し始めないと。
男性：大学の書店は時々セールをしたり古本を売ったりするから、まずそこを見た方がいいよ。
質問：男性は女性に何をするように提案していますか。
(A) 大学の書店のセールで本を買う。
(B) 何を買うのも来学期まで待つ。
(C) どの本が必要なのかリストを作る。
(D) キャンパス外の店で本を探す。

**解説** たくさん本を買わなければならないと言っている女性に対して、男性は「大学の書店は時々セールをしたり古本を売ったりする」と言っている。続いて、you should look there firstと言っているが、このthereはthe college bookstoreを指す。したがって、(A) が正解。

## 11. 解答 B 〔CD2 11〕

**M :** Have you seen my stapler? I can't find it anywhere.
**W :** Check in Kathy's room. She asked to borrow it earlier.
**Question :** What does the woman imply?

**訳** 男性：僕のホッチキス見た？　どこにもないんだ。
女性：キャシーの部屋を見て。さっき貸してって言ってたから。
質問：女性は暗に何を言っていますか。
(A) 男性は自分の部屋を探すべきだ。
(B) 誰かほかの人がホッチキスを持っている。
(C) 彼女自身がホッチキスを使った。
(D) 彼女はその日の早いうちにホッチキスをなくした。

**解説**「僕のホッチキス見た？」と尋ねる男性に対して，女性はCheck in Kathy's room.「キャシーの部屋を見て」と言っている。それに続く説明から，キャシーがホッチキスを借りて使ったことが分かるので，(B) が正解。

## 12. 解答 A 〔CD2 12〕

**W :** I've got some free tickets to the exhibition on Saturday. Do you want to come?
**M :** I would love to go, but I promised I would help Jason with his paper.
**Question :** What does the man imply?

**訳** 女性：土曜日の展覧会の無料入場券があるの。行きたい？
男性：ぜひ行きたいけど，ジェイソンのレポートを手伝うって約束したんだ。
質問：男性は暗に何を言っていますか。
(A) 彼は展覧会に行くことができない。
(B) 彼はジェイソンと展覧会に行く約束をした。
(C) 彼はすでに展覧会に行った。
(D) 彼は展覧会に興味がない。

**解説** 女性のDo you want to come?「(一緒に) 行きたい？」に対して，男性はI would love to go, but 〜と答えている。つまり，一緒に行きたいが行けないということ。その理由として I promised I would help Jason with his paper「ジェイソンのレポートを手伝うって約束した」と説明している。(A) が正解。

## 13.　解答　B　CD2-13

**M :** Excuse me, I was told to come here for my immunizations. Can I get them done today?
**W :** Sorry, you need to make an appointment. Tomorrow at 2 p.m. is still open.
**Question :** What does the woman mean?

訳　男性：すみません，ここに来て予防接種をするように言われたのですが。今日していただけますか。
　　女性：すみません，予約が必要です。明日の午後2時はまだ空いています。
　　質問：女性は何を意味していますか。
(A) 男性は予防接種をする必要がない。
(B) 男性は別の日に，またここに来なければならない。
(C) 予防接種には予約は必要ない。
(D) 今日の午後2時には予約がない。

解説　女性はSorry, you need to make an appointment.「すみません，予約が必要です」と言っているので，今日は予防接種ができないことが分かる。Tomorrow at 2 p.m. is still open.ということは，予約して明日の午後2時にもう一度来なければならないということなので，(B) が正解。

## 14.　解答　C　CD2-14

**M :** There's a career fair tomorrow in the Union Building. Are you going?
**W :** Yeah, can I meet you there? I really want to go to the résumé writing workshop.
**Question :** What can be inferred about the woman?

訳　男性：明日，学生会館で就職フェアがあるよね。君は行く？
　　女性：ええ，そこで会える？　履歴書の書き方ワークショップにぜひ行きたいの。
　　質問：女性について何が推測できますか。
(A) 彼女は履歴書を書かなければならないので，行けない。
(B) 彼女は会議が終わった後で行く。
(C) 彼女は就職フェアに行く。
(D) 彼女は就職フェアの前に男性に会いたいと思っている。

解説　まず男性のAre you going?に対して，女性はYeahと答えているので，就職フェアに行くことは確かである。続くI really want to ～以下から，résumé writing workshop「履歴書の書き方ワークショップ」に女性が出席したいことが分かる。したがって，(C) が正解。

171

## 15. 解答 A

**W**: I spoke to Professor Woods about yesterday's Commercial Law lecture and I still don't understand it.
**M**: I know what you mean. His explanations are so confusing.
**Question**: What do we learn from the conversation?

**訳** 女性：ウッズ先生と昨日の商法の講義について話したんだけど，それでも理解できないの。
男性：分かるよ。彼の説明って本当にややこしいんだ。
質問：この会話から何が分かりますか。
(A) 教授の講義は理解するのが容易ではない。
(B) 男性は講義を完全に理解できる。
(C) 男性は女性が何を意味しているのか分からない。
(D) 女性は男性に教授と話をしてほしいと思っている。

**解説** 女性のI still don't understand itに対して，男性がI know what you mean.「分かるよ」と言っていること，続くHis explanations are so confusing.「彼の説明って本当にややこしい」から，男性も講義が理解できていないことが分かる。つまり，そもそもの講義が大変分かりにくいのだと判断できるので，(A) が正解。

## 16. 解答 B

**M**: How's the research project coming along?
**W**: Well, I keep changing my mind on the topic, so not that great!
**Question**: What does the woman mean?

**訳** 男性：研究プロジェクトはどんな調子？
女性：そうね，テーマについて気が変わり続けているから，そんなにうまくは行っていないわ！
質問：女性は何を意味していますか。
(A) 彼女は体調がよくなかったので，まだ始めていない。
(B) 彼女は研究プロジェクトで何をすべきか決められない。
(C) 彼女はプロジェクトをしないことに決めた。
(D) 彼女はテーマを選ぶのを男性に手伝ってほしいと思っている。

**解説** I keep changing my mind on the topic「テーマについて気が変わり続けている」がポイント。topicはresearch projectのテーマのこと。女性はまだテーマが定まっていないと言っているので，(B) が正解。男性の発言中にあるcome alongは「（計画などが）進む」という意味。

## 17. 解答 C 🎧 CD2-17

**M**: I can't believe I failed the exam. Do you think I'll be able to retake it?
**W**: You should probably talk to your professor about it. You might have to do the course again.
**Question**: What does the woman suggest?

訳 男性：試験に落ちたなんて信じられないよ。再試験を受けられると思う？
　　女性：そのことについて先生に話をした方がいいと思うわ。講座をもう一度履修しないといけないかもしれないわね。
　　質問：女性は何を提案していますか。
(A) 男性は教授の講演に出席するべきだ。
(B) 男性は彼女にそのことを話すのをやめるべきだ。
(C) 男性は教授に助言を求める必要がある。
(D) 彼女が男性に代わって教授と話をする。

**解説** 男性が「再試験を受けられると思う？」と尋ねているのに対して、女性はYou should probably talk to your professor about it.「そのことについて先生に話をした方がいい」と言っている。「そのこと」は「再試験を受けること」を指す。したがって、(C) が正解。

## 18. 解答 B 🎧 CD2-18

**W**: Shall I call Jo and let her know that the lecture has been canceled?
**M**: There's no need. I'm meeting up with her in the library now, so I can fill her in then.
**Question**: What will the man probably do next?

訳 女性：ジョーに電話して講義が休講になったって知らせましょうか。
　　男性：必要ないよ。今から彼女に図書館で会うから、そのときに知らせておくよ。
　　質問：男性はおそらく次に何をしますか。
(A) すぐにジョーに電話をする。
(B) ジョーに休講のことを知らせる。
(C) 図書館に電話をする。
(D) 女性と一緒に図書館に行く。

**解説** 女性が「ジョーに電話して知らせましょうか」と言っているのに対して、男性はI'm meeting up with her ... now「今から彼女に会う」と言っている。このherはJoのことで、I can fill her in then「そのときに知らせておくよ」と言っているので、(B) が正解。fill ～ in は「～に最新の情報を与える」という意味。

173

## 19. 解答 B 🎧 CD2-19

**M**: Can you run through my presentation with me?
**W**: Sure, if you don't mind listening to mine, too.
**Question**: What does the woman mean?

**訳**
男性：一緒に僕のプレゼンのおさらいをしてもらえる？
女性：いいわよ。私のも聞いてくれるのだったら。
質問：女性は何を意味していますか。
(A) 彼女は男性の言うことを聞きたくない。
(B) 彼女は男性が彼女を手伝ってくれるのなら，彼の手伝いをする。
(C) 彼女は男性と一緒にランニングに行く。
(D) 彼女はすでにプレゼンを終えた。

**解説** 男性の依頼に対して女性はSureと答えているので，女性は男性のプレゼンのおさらいを手伝うつもりだと分かる。その後に，if you don't mind listening to mine, tooと言っている点に注意。don't mind doingは「～しても構わない」という意味で，mineはmy presentationのことなので，「私のプレゼンも聞いてくれるのだったら」という意味。したがって，(B)が正解。run through ～は「～をざっとおさらいする」という意味。

## 20. 解答 A 🎧 CD2-20

**M**: Do you think Emma will mind if we don't attend the volunteer meeting?
**W**: Well, I put our names down on the list, so she thinks we're going.
**Question**: What does the woman imply?

**訳**
男性：エマは僕たちがボランティア会議に出なかったら，気を悪くすると思う？
女性：そうね，私たちの名前をリストに書いたから，私たちが行くと思っているわね。
質問：女性は暗に何を言っていますか。
(A) エマは彼らが現れなかったら驚くだろう。
(B) 彼女はエマのために名前のリストを書かなければならない。
(C) 彼女は自分だけで会議に行く。
(D) エマは彼女に，彼らは会議に行かなくてよいと言った。

**解説** 女性が「私たちの名前をリストに書いた」というのは，その前の男性の発言から，「ボランティアの会議に出席予定だと相手に伝えてある」という意味。エマはそのリストを見て，彼らが当然出席すると思っているので，行かなかったら意外に思うはずである。したがって，(A)が正解。mind if ～は「～したら気にする」という意味。

## 21. 解答 A

**W**: Do I owe you any money for the groceries you bought yesterday?
**M**: Actually, Jason paid for them this time. You should ask him.
**Question**: What does the man imply?

訳　女性：昨日あなたが買った食料品で私が借りているお金はあるかしら。
　　男性：実は，今回はジェイソンが払ったんだ。彼に聞いてみて。
　　質問：男性は暗に何を言っていますか。
　(A) 女性はジェイソンに食料品代を払うべきだ。
　(B) 彼は食料品の買い物が嫌いだ。
　(C) 女性は彼に食料品代を払うべきだ。
　(D) 女性は誰にも食料品代を払う必要はない。

解説　oweは「〜を借りている」という意味。女性がDo I owe you any money 〜?と質問したのに対して，男性はJason paid for themと答えている。お金を払ったのはジェイソンなので，女性が食料品のお金を立て替えてもらっているとすればジェイソンである。したがって，(A) が正解。

## 22. 解答 C

**M**: Hey, we should decide what to do for Austin's birthday. It's soon, isn't it?
**W**: Oh, that's right! We'd better make sure he's free that day first, though.
**Question**: What does the woman suggest?

訳　男性：ねえ，オースティンの誕生日に何をするか決めなくちゃ。もうすぐだろう？
　　女性：あら，本当だわ！　でも，まず彼がその日空いているかどうか確かめた方がいいわね。
　　質問：女性は何を提案していますか。
　(A) 彼らはオースティンに何も言わずに何かを手配する。
　(B) 彼らはオースティンの誕生日には何もしない。
　(C) 彼らは空いているかどうかオースティンに確かめる。
　(D) 彼らはオースティンに誕生日がいつかを尋ねる。

解説　男性が「オースティンの誕生日に何をするか決めなくちゃ」と言ったのに対し，女性はOh, that's right!と言っているので，何かするつもりであることが分かる。続いて，「その日空いているかどうか確かめた方がいい」と言っているので，まずはオースティンに確かめるという (C) が正解。(C) のavailableは「入手できる」という意味だが，人に関して使う場合は「(手が) 空いている」という意味を表す。

## 23. 解答 D　CD2 23

M : I really want to buy a bike, but I'm not sure where I can put it.
W : Have you tried the storage room? It's just outside our dorm.
Question : What does the woman suggest the man do?

訳　男性：本当に自転車がほしいけど，どこに置いたらいいのか分からないんだ。
女性：倉庫は確かめてみた？　寮を出たすぐのところよ。
質問：女性は男性に何をするように提案していますか。
(A) 彼の自転車を彼女の部屋に置いておく。
(B) 彼の自転車を外に置いておく。
(C) 自転車を買わない。
(D) 自転車を倉庫に置く。

解説　自転車をどこに置くべきか分からないと言う男性に対して，Have you tried the storage room?「倉庫は試して（＝確かめて）みた？」と，そこを使ってはどうかと提案している。したがって，(D) が正解。bike は日本語とは違い，自転車のこと。storage room は「倉庫，貯蔵室」という意味。

## 24. 解答 B　CD2 24

M : Can you help me, please? I have lost my room key.
W : I can lend you a replacement if you have some ID.
Question : What does the woman imply?

訳　男性：すみません，助けていただけますか。部屋の鍵をなくしたのですが。
女性：何か身分証明書があれば，スペアをお貸しできますよ。
質問：女性は暗に何を言っていますか。
(A) 彼女は男性がどの鍵をなくしたのかを確かめる必要がある。
(B) 彼女は男性の書類を確認する必要がある。
(C) 彼女は男性に自分で鍵を交換してほしいと思っている。
(D) 彼女は男性にもう1つの鍵を渡せない。

解説　女性は I can lend you a replacement if ～と言っている。つまり，ID を持っていればスペアを貸すことができるが，ID を持っていない場合には貸せないという意味。したがって女性は男性の身分証明書を確認する必要があるので，(B) が正解。replacement は「代わりのもの」，ID は identification，つまり「身分証明書」のこと。

176

## 25. 解答 A (CD2 25)

**M**: I haven't finished the assignment yet. I won't be able to hand it in on time!
**W**: Again? I suppose I could give you a hand this time.
**Question**: What does the woman mean?

訳 男性：まだ宿題が終わっていないんだ。期限どおりに提出できそうもないよ！
女性：またなの？ 今回は助けてあげられると思うわ。
質問：女性は何を意味していますか。
(A) 彼女は男性が宿題を終えるのを手伝う。
(B) 彼女は男性の手伝いをする時間がない。
(C) 男性は宿題を終えるのにもっと時間を与えてくれるように頼むべきだ。
(D) 男性は自分で宿題を終わらせるべきだ。

解説 hand in 〜は「〜を提出する」という意味。男性の発言中のitは，assignmentを指す。give you a handは「手を貸す」，すなわち「助ける」という意味なので，女性は男性を助けるつもりだと分かる。したがって，(A) が正解。女性がthis timeと言っていることから，おそらくこれまではいつも助けていなかったと考えられる。(D) のon one's ownは「1人で」という意味。

## 26. 解答 A (CD2 26)

**W**: I've decided to stay in a dorm next year.
**M**: Me, too. It's more convenient living on campus, isn't it?
**Question**: What can be inferred about the man?

訳 女性：来年は寮に留まることにしたわ。
男性：僕もだ。キャンパス内に住んでいる方が便利だよね。
質問：男性について何が推測できますか。
(A) 彼は寮に住む方がよいと思っている。
(B) 彼は新しいところに引っ越したいと思っている。
(C) 彼は女性に一緒に住んでほしいと思っている。
(D) 彼は現在キャンパス外に住んでいる。

解説 女性の「来年は寮に留まることにした」という発言に対して，男性はMe, too. と言っているが，これはI've decided to stay in a dorm next year, too. の意味。つまり，今は寮に住んでいて，来年も寮に住み続けるということ。さらに男性は，It's more convenient living on campusと言っているので，キャンパスに住む方が便利だと考えていることが分かる。したがって，(A) が正解。

## 27. 解答 C　CD2 27

**M :** Can I borrow your Physical Geology textbook? I need to check something.
**W :** I'm in the middle of using it at the moment, but I won't be long.
**Question :** What can be inferred about the woman?

**訳**　男性：物理地質学の教科書を貸してもらえる？　ちょっと確かめたいことがあるんだ。
　　　女性：今使っている最中だけど，すぐに終わるわ。
　　　質問：女性について何が推測できますか。
　　　(A) 彼女は男性に教科書を貸したくない。
　　　(B) 彼女は教科書がどこにあるか知らない。
　　　(C) 彼女はもうすぐ教科書を使い終える。
　　　(D) 彼女は教科書が長過ぎると思っている。

**解説**　男性の Can I borrow your Physical Geology textbook? に対して，女性は「今使っている」と答えている。「今は貸せない」という意味だが，その後に I won't be long「長くはかからない＝すぐに終わる」と言っているので，選択肢の中では (C) が適当。in the middle of doing は「～している最中で」という意味。

## 28. 解答 C　CD2 28

**W :** It'll be hard to get everyone together to practice the presentation.
**M :** You're right. Maybe we should just practice our own parts first.
**Question :** What does the man suggest?

**訳**　女性：プレゼンの練習に全員を集めるのは難しいでしょうね。
　　　男性：本当だね。まず自分たちの部分だけを練習した方がいいかもね。
　　　質問：男性は何を提案していますか。
　　　(A) 彼らはプレゼンの練習をする必要はない。
　　　(B) プレゼンは練習するには難し過ぎる。
　　　(C) 彼らは自分たちだけでプレゼンの練習をすべきだ。
　　　(D) 彼らはみんなと一緒の集まりを手配する必要がある。

**解説**　女性が「全員を集めるのは難しい」と言っているのに対して，男性は You're right. と言っているので，男性も全員を集めるのは難しいと考えていることが分かる。続いて，we should just practice our own parts first と，全員が集まらなくても自分たちだけで練習しようと提案している。したがって，(C) が正解。選択肢 (D) の get-together は名詞で「集まり，会合」という意味。

## 29. 解答 A

**W**: I've decided not to major in Engineering after all.
**M**: Well, it is supposed to be one of the hardest programs.
**Question**: What does the man imply?

訳 女性：結局，工学は専攻しないことに決めたわ。
男性：そうだね，一番難しい学科の1つのはずだからね。
質問：男性は暗に何を言っていますか。
(A) 女性は正しい決断をした。
(B) 女性はもっと難しい学科を選ぶべきだ。
(C) 彼はおそらく工学を専攻するだろう。
(D) 彼は女性と同じ専攻を選びたいと思っている。

解説 女性が「工学は専攻しないことに決めた」と言っているのに対して，男性は「工学は一番難しい学科の1つ」だと言っている。女性の決心について妥当だと考えていることが分かるので，(A) が正解。be supposed to *do* は「〜だと思われている」という意味。

## 30. 解答 C

**W**: The food here is really reasonable and they have plenty of vegetarian options.
**M**: Yes, but it's always really busy at lunchtime. The Arts Center Café might be better.
**Question**: What do we learn from the conversation?

訳 女性：ここの料理は本当にリーズナブルだし，ベジタリアン用の選択肢がたくさんあるわね。
男性：うん，でも昼はいつも本当に混んでいるんだ。アーツセンターカフェの方がいいかもしれないね。
質問：この会話から何が分かりますか。
(A) 女性は男性が理屈に合わないことを言っていると思っている。
(B) 男性は野菜を食べたくない。
(C) 男性はどこかよそで食べる方がよいと思っている。
(D) アーツセンターカフェは昼には開いていない。

解説 女性は，この店は値段も安いしメニューもよいと言っているが，男性は，昼は本当に混んでいると言って，The Arts Center Café might be better. と続けている。つまり，あまり混んでいない店で食べる方がよいと思っていることが分かる。したがって，(C) が正解。vegetarian は「菜食主義の」という意味。

179

# Part B  解答・解説

問題 p.158〜159

## Questions 31-34  CD2 31

Listen to a conversation between two students who are discussing an academic subject.

**W :** Right, I'm getting bored of studying power electronics. What shall we do next?
**M :** How about renewable energy sources? The exam is a week on Wednesday, isn't it?
**W :** That soon? I guess we should concentrate on that then. There's so much to cover!
**M :** I think we should probably start with hydroelectricity.
**W :** I have a feeling there's more likely to be a question about bioenergy though, so let's start there. Do you remember that lecture we had about traditional biofuels? How a lot of developing countries use wood fuel?
**M :** Ah yes, I remember now. About half of India's energy supply comes from wood, crop waste, or cow dung. That can't be good for the environment, burning all that wood!
**W :** No. All that smoke pollution must have a bad effect on people's health, too.
**M :** The newer bioenergy sources are more environmentally friendly though, aren't they?
**W :** Oh, you mean, like in Brazil where they use alcohol for making … what's it called again … gasohol?
**M :** Yeah, "gasohol"! We have it here in the U.S., too, but Brazil has been producing it the longest. They use the waste from their sugarcane industry to produce ethanol, which is mixed with gasoline or sold as pure fuel for cars.
**W :** That's a great way to use all that waste!
**M :** Right. Oh! It looks like we have to leave. I thought the library closed at nine?
**W :** It usually does, but renovations start tomorrow so they're closing early today. We can study in my dorm if you don't mind?
**M :** Sure, let's go.

🈁 教科について話し合っている2人の学生の会話を聞きなさい。

女性：さて，パワーエレクトロニクスを勉強するのには飽きてきたわ。次は何にする？

男性：再生可能エネルギー源はどう？ 試験は1週間後の水曜日だよね？

女性：そんなにすぐ？ じゃあそれに集中すべきだと思うわ。勉強しないといけないことがとてもたくさんあるもの！

男性：おそらく水力電気から始めるべきだと思うよ。

女性：だけど，バイオエネルギーについての問題が出る可能性の方が高いような気がするから，そこから始めましょうよ。伝統的なバイオ燃料についてのあの講義を覚えてる？ どれだけ多くの開発途上国が木材燃料を使っているかっていう。

男性：ああ，うん，今思い出したよ。インドのエネルギー供給のおよそ半分は，木材と作物の廃棄物と牛の糞からなんだよね。そんなにたくさんの木材を燃やして環境にいいわけがないよね。

女性：そうなの。それだけの煙による汚染は，人の健康にも悪影響があるはずよね。

男性：だけどより新しいバイオエネルギー源は，もっと環境に優しいんじゃない？

女性：ああ，例えばブラジルでアルコールを使って作っている…なんて名前だっけ…ガソホールのこと？

男性：そうそう，「ガソホール」！ ここアメリカにもあるんだけど，ブラジルが一番長く生産してるんだよ。サトウキビ産業で出た廃棄物を使ってエタノールを生産して，それをガソリンと混ぜたり，何も混ぜずに自動車燃料として販売したりしているんだよね。

女性：あんなにたくさんの廃棄物を利用するには素晴らしい方法ね！

男性：そうだね。ああ！ 出なきゃいけないみたいだ。図書館は9時に閉まるんだと思っていたけど。

女性：普通はそうだけど，明日から改装が始まるから，今日は早く閉まるのよ。構わなければ私の寮で勉強してもいいわよ。

男性：いいよ，行こう。

## 31. 解答 A

**Question :** What are the speakers mainly discussing?

🔖 訳
質問：話し手たちは主に何について話し合っていますか。
(A) バイオエネルギー源。
(B) 世界のエネルギー危機の解決法。
(C) 廃棄物と環境汚染。
(D) ブラジルのサトウキビ産業。

解説
最初は何を勉強するか話し合っているが，その中でバイオエネルギー源のことに話題がおよび，会話の大半がそのことに費やされているので，(A) が正解。

## 32. 解答 C

**Question :** Why does the woman want to study bioenergy?

🔖 訳
質問：女性はなぜバイオエネルギーの勉強がしたいのですか。
(A) それが次のクラスのミーティングで論じられるから。
(B) それがどの講義でも取り上げられなかったから。
(C) それがおそらく試験に出るから。
(D) 彼女は世界のエネルギー源のことが心配だから。

解説
2人で試験の準備として何を勉強するべきか話しているが，女性は3番目の発言で，「バイオエネルギーについての問題が出る可能性の方が（水力電気より）高いような気がする」と言っている。したがって，(C) が正解。

## 33. 解答 C

**Question : What does the man say about gasohol?**

▶訳

質問：男性はガソホールについて何と言っていますか。
(A) それは資源の無駄である。
(B) それは生産に時間がかかり過ぎる。
(C) それは乗り物に動力を供給するのに使える。
(D) それはブラジルでしか手に入らない。

|解説|
gasoholについて話しているのは，女性の5番目の発言から。より環境に優しい新しいバイオエネルギー源であるgasoholは，アルコールを使って作られる。続けて男性がgasoholはアメリカにもあるが，最も長く生産しているのはブラジルであり，サトウキビ産業で出た廃棄物から作られ，車の燃料として使えると説明している。したがって，(C)が正解。

## 34. 解答 B

**Question : What will the speakers do next?**

▶訳

質問：話し手たちは次に何をしますか。
(A) 授業に出る。
(B) どこかほかの場所で勉強を続ける。
(C) 図書館が閉まるまで勉強する。
(D) 別々に行動する。

|解説|
男性の最後から2番目の発言から，今は図書館で勉強していて，図書館が閉まりかけていることが分かる。2人は図書館を出なければならないが，女性がWe can study in my dorm if you don't mind?と提案している。それに対して男性が，Sure, let's go.と答えているので，これから2人で女性の寮へ行って勉強を続けると考えられる。したがって，(B)が正解。女性の最後の発言中のIt usually doesのdoesはcloses at nineという意味。いつもは9時まで開いているが，今日は改装の前で早く閉まるということ。

183

## Questions 35-38

Listen to a conversation between two students discussing a campus activity.

**W :** I think I'm going to volunteer for the tutoring program for kids. I've signed up for the information session next week.
**M :** You wanted to do that last semester, didn't you? What happened?
**W :** Freshmen in their first semester aren't eligible to apply, so I couldn't do it then. I was told it's to allow us time to adjust to college life, plus there are limited placements available anyway. It's a very popular program.
**M :** It does sound pretty interesting. Maybe I'll come along with you.
**W :** You should. I think you would really enjoy it, especially if you're thinking of a teaching career in the future.
**M :** That's a good point! When and where is it being held?
**W :** It's in the Careers Development department. I'm going to the Tuesday session from 12:00 P.M. to 1:00 P.M. There are still some places available that day, but the Wednesday and Thursday sessions were all filled apparently. You can go on a waiting list in case someone drops out though.
**M :** OK. Do you know how often we have to do it?
**W :** I think you have to commit to a minimum of 2 hours a week for at least 6 months, but you can do up to 4 hours if you want.
**M :** That shouldn't be a problem. I think 4 hours is too much, but I should be able to spare a couple of hours a week. I'm ahead of schedule with all my assignments this term, so it's perfect timing. I can't wait to get started!

🔖 **訳** キャンパス活動について話し合っている2人の学生の会話を聞きなさい。

女性：子供の個別指導プログラムのボランティアをしようと思うの。来週の説明会に申し込んだのよ。

男性：君は先学期にそれをしたかったんじゃないの？　どうしたの？

女性：1年生は最初の学期には申し込み資格がないから，あの時はできなかったのよ。大学生活に適応する時間が必要だからということだったけれど，それだけじゃなくて，いずれにしても採用人数に制限があるの。とても人気のあるプログラムなのよ。

男性：とても面白そうだものね。僕も君と一緒に行こうかな。

女性：そうするべきよ。あなたはとても楽しめると思うわ。特に将来，教職に就こうと思っているのなら。

男性：確かにそうだね！　いつどこで開かれるの？

女性：キャリア開発部よ。私は火曜日の正午から午後1時の回に行くつもりよ。その日はまだ人数に余裕があるけど，水曜日と木曜日の回はすべて埋まったみたい。でも誰かが抜けることもあるから，順番待ちのリストに登録しておけばいいわ。

男性：分かった。何回くらいやらないといけないのか知ってる？

女性：週に最低2時間を少なくとも6ヶ月間は絶対にやらないといけないと思うけど，もしやりたければ4時間までできるのよ。

男性：それなら問題なさそうだ。4時間は多過ぎるけど，週に2, 3時間なら都合をつけられると思うよ。今学期は課題も全部予定より早くできているから，完璧なタイミングだ。始めるのが待ちきれないよ！

## 35. 解答 A

**Question :** What are the speakers mainly discussing?

**訳**

質問：話し手たちは主に何について話し合っていますか。

(A) ボランティアの機会。
(B) 将来の職業。
(C) 彼らの毎週の予定。
(D) 大学の課題。

**解説**

最初に女性がI'm going to volunteer for the tutoring program for kidsと言っているので，子供に勉強を教えるボランティアのプログラムがあることが分かる。その後はずっとその申し込み方法などについての話題が続くので，(A) が正解。これはあくまでもボランティアのプログラムであって，将来の職業の話ではないので (B) は不適切。

## 36. 解答 D

**Question :** Why didn't the woman sign up for the program last semester?

**訳**

質問：女性はなぜ先学期にそのプログラムに申し込まなかったのですか。
(A) プログラムはその時には空いていなかった。
(B) 彼女は大学生活になじむのに苦労していた。
(C) そのプログラムはあまり人気がなかった。
(D) 彼女は応募資格に該当しなかった。

**解説**

男性は最初の発言で，先学期にもボランティアをしたいと女性が話していたので，What happened?と質問している。女性はFreshmen ... aren't eligible to applyと説明していることから，先学期，彼女は新入生だったので応募できなかったことが分かる。したがって，(D) が正解。学校側が1年生の最初の学期からの応募を制限している理由は「大学生活に適応する」ためであるが，彼女自身がなじむのに苦労したとは言っていない。またIt's a very popular program.と女性が言っているので，(C) も該当しない。eligible to do は「～する資格がある」という意味。

## 37. 解答 C

**Question :** What does the woman say about the information session?

### 訳

質問：説明会について女性は何と言っていますか。
(A) 建物に入る前に列に並ばなければならない。
(B) 一度登録したらキャンセルできない。
(C) 火曜日の回はまだいっぱいではない。
(D) 職業を見つけるにはよい場所である。

### 解説

information sessionは女性の最初の発言の2文目に出てくる。男性の3番目の発言中にあるWhen and where is it（＝the information session）being held?という質問に対して、女性はThere are still some places available that day（＝Tuesday）と言っているので、火曜日はまだ空いていることが分かる。したがって、(C) が正解。go on a waiting listは「順番待ちのリストに名前を連ねる」という意味で、並んで待つという意味ではない。

## 38. 解答 B

**Question :** What will the man probably do next?

### 訳

質問：男性はおそらく次に何をしますか。
(A) 来年まで参加を待つ。
(B) 女性と一緒に説明会に行く。
(C) 週4時間に登録する。
(D) 課題を終える努力をする。

### 解説

男性は女性が参加するボランティアに関心を示しており、Maybe I'll come along with you.と2番目の発言で言っていることから、(B) が正解。男性は最後に週4時間は多過ぎる、assignments「課題」は予定よりも早くできていると言っているので、(C) と (D) は不正解。

# Part C 　解答・解説

## Questions 39-42

Listen to a talk about earthquakes given by a professor.

　　We can all agree that earthquakes are one of nature's most dangerous phenomena. They cause great damage and, worst of all, are currently impossible to predict with any real accuracy. Scientists can make educated guesses as to where a major earthquake is likely to occur based on the location of fault lines. They can also make broad guesses of when the earthquake is likely to occur based on past history. However, so far scientists have not found a reliable way to predict exactly when and where an earthquake will strike. Right now, even toads are better at earthquake prediction than people are. Apparently, several days before an earthquake, toads are able to sense something that we can't and ditch their homes for someplace safer. Other animals have been found to behave similarly.

　　So, why are earthquakes so difficult to predict and will we ever be able to do so in the future? We know how and why earthquakes occur. The surface of the Earth is made up of many plates called tectonic plates. These plates move against each other and sometimes get stuck. Pressure builds up and when a plate gets unstuck, the sudden movement causes an earthquake. Because all of these plates are interconnected, it's nearly impossible to predict how they will affect each other. While it would be extremely beneficial to society to come up with a system that precisely forecasts when and where earthquakes will occur, it is likely that scientists may never discover a truly accurate way to predict them.

🔴訳 地震についての教授の話を聞きなさい。

　私たちはみんな，地震が最も危険な自然現象の1つだということでは一致するでしょう。地震は大きな被害をもたらしますが，何より困ることには，今のところ，現実的な正確さをもって地震を予測することは不可能です。科学者は断層の場所に基づいて，大きな地震がどこで起こりそうかを経験から推測することはできます。彼らはまた，過去の歴史に基づいて，その地震がいつ起こりそうかを大まかに推測することもできます。しかし，これまで科学者たちは，正確にいつどこで地震が起こるかを予測する信頼できる方法を見つけてはいないのです。今のところ，地震の予測に関しては，人間よりもヒキガエルの方がよほど優れているのです。聞いた話では，地震の数日前に，ヒキガエルは私たちが感じることのできない何かを感じることができ，どこかもっと安全なところを求めてすみかを捨てるようです。ほかの動物も似たような行動を取ることが発見されています。

　それでは，地震はなぜそれほど予測が難しいのか，また将来予測することができるようになるものなのでしょうか。私たちは地震がどのように，またなぜ起こるのかは知っています。地球の表面は，プレートと呼ばれるたくさんの岩盤でできています。これらのプレートはお互いに向かって動き，時には引っかかって動けなくなってしまいます。圧力が蓄積し，プレートが動いたときに，突然の動きが地震を引き起こすのです。これらのプレートはすべてお互いにつながっているため，それらがお互いにどのように影響し合うかを予測することはほとんど不可能なのです。いつどこで地震が起こるか正確に予測するシステムができれば，社会にとっては極めて有益でしょうが，科学者たちが本当に正確な地震予測の方法を見つけることは，おそらく不可能でしょう。

## 39. 解答 C

**Question : What is the talk mainly about?**

### 訳

質問：この話は主に何についてですか。
(A) 地震の場合にはどうすべきか。
(B) 地震科学の歴史。
(C) 人間の地震予測の能力。
(D) 動物がどのように地震を予測するか。

解説

前半では人間が地震を正確に予測するのはほとんど不可能だということ，後半ではなぜ予測が難しいのかが述べられている。動物の予測能力についても述べられてはいるが，主に述べられているのは人間の予測能力のことなので，(C) が正解。地震のメカニズムについて述べられているが，地震科学の歴史については述べられていないので，(B) は不正解。

## 40. 解答 C

**Question : Why does the professor mention earthquake history?**

### 訳

質問：教授はなぜ地震の歴史について言及しているのですか。
(A) それによって科学者が正確に地震を予測することができるから。
(B) それは地震予測が無駄だということを示すから。
(C) それは地震がいつ起こる可能性があるかを知る役に立つから。
(D) それは断層がどこにあるかを我々に教えてくれるから。

解説

地震の歴史について第1段落第4文で They can also make broad guesses of when the earthquake is likely to occur based on past history. と述べている。過去の地震によって，「地震がいつ起こりそうかを大まかに推測することもできる」ので，(C) が正解。あくまでも「大まかに」であって，(A) のように「正確に」予測できるわけではないので，(A) は不正解。

## 41. 解答 A

**Question :** What does the professor want to illustrate with the example of the toad?

### 訳

質問：ヒキガエルの例によって教授は何を示したいのですか。
(A) 動物でさえ地震予測に関しては，我々より優れている。
(B) 動物は将来の地震予測にとって重要である。
(C) 科学者たちは予測システムを開発するために，ヒキガエルを使って研究している。
(D) ペットを飼っている人たちの方が，地震で生き残る可能性が高い。

### 解説

toad「ヒキガエル」が引き合いに出されているのは，第1段落後半の even toads are better at earthquake prediction の箇所。いかに人間の地震に対する予測能力が低いかを説明していると考えられる。したがって，(A) が正解。

## 42. 解答 D

**Question :** What does the professor say about why earthquakes are difficult to predict?

### 訳

質問：地震の予測がなぜ難しいかについて教授は何と言っていますか。
(A) 科学者たちはどのように地震が起きるのかをまだ分かっていない。
(B) 地球の表面には非常に高い圧力が蓄積している。
(C) プレートの動きは速過ぎてついていけない。
(D) さまざまなプレートがお互いに異なる方法で影響し合っている。

### 解説

第2段落冒頭で So, why are earthquakes so difficult to predict ～? と疑問を投げかけており，この後がこの質問の答えになっていると考えられる。後半で，Because all of these plates are interconnected, it's nearly impossible to predict how they will affect each other. と言っている。プレートがお互いにつながっているため，「それらがお互いにどのように影響し合うかを予測することはほとんど不可能」なのだから，(D) が正解。

## Questions 43-46

Listen to a professor giving a talk about Alexander the Great.

If I say Alexander III, it might take you a moment to figure out whom I'm talking about. Now, if I say Alexander the Great, I'm pretty sure the greatest conqueror in the ancient world springs to mind. He is famous for being one of the most skilled generals not only of his time, but for hundreds of years afterwards. But what was Alexander's legacy besides conquering an area stretching from Greece in the west, through central Asia, to India in the east? One way to measure his legacy may be to see what long-term effects he had on the places he conquered.

The first long-term effect Alexander had was that parts of central Asia and India would remain under Macedonian control—remember he was Macedonian, not Greek—for two to three hundred years after his death. And though he was technically not Greek, Greek culture was one of the major influences in his life. He spread Greek science, religion, and language to places even as far away as Afghanistan. In India, statues of Buddha resembling the Greek god Apollo have even been found. Finally, Alexander had over twenty cities named after himself. The most famous and successful of which is Alexandria, Egypt. This city still exists and is today the second largest city in Egypt.

🔴 訳 アレキサンダー大王についての教授の話を聞きなさい。

　アレキサンダー3世と言うと，誰のことを言っているのかを理解するのに少し時間がかかるかもしれません。さて，アレキサンダー大王と言えば，古代世界の最も偉大な征服者が思い浮かぶに違いありません。彼は，彼の時代だけでなくその後何百年にもわたって，最も腕の立つ司令官の1人として有名です。しかし西はギリシャから中央アジア，東はインドまでにわたる地域を征服したことのほかに，アレキサンダーの遺産は何だったのでしょうか。彼の遺産を測る方法の1つは，彼が征服した場所における長期にわたる彼の影響を見ることかもしれません。

　アレキサンダーが与えた最初の長期にわたる影響は，中央アジアとインドの一部が彼の死後200～300年間もマケドニア——彼はギリシャ人ではなくマケドニア人だったということを思い出してください——の支配下にあったことです。そして，彼は厳密にいえばギリシャ人ではなかったのですが，ギリシャ文化は彼の人生における大きな影響の1つでした。彼はアフガニスタンのような遠く離れたところにさえギリシャの科学，宗教，そして言語を広めました。インドではギリシャの神アポロに似た仏像さえ見つかっています。最後に，アレキサンダーは20以上の都市に自分の名前をつけさせました。その中で最も有名で繁栄しているのはエジプトのアレキサンドリアです。この都市は今も存在し，現在エジプトで2番目に大きい都市なのです。

## 43. 解答 C

**Question**: What is the talk mainly about?

### 訳
質問：この話は主に何についてですか。
(A) アレキサンダーがどのようにして世界のそれほど多くの部分を征服したか。
(B) アレキサンダーがどこでどのようにして亡くなったか。
(C) アレキサンダーが死後に何を残したか。
(D) なぜインドの人の一部がギリシャ語を話すのか。

**解説**
前半でアレキサンダーが征服した地域の広さについて説明をした上で，それ以外の legacy「遺産」は何だったかと問題提起している。後半では，アレキサンダーが征服した場所において彼の死後にも影響が続いたことが述べられているので，(C) が正解。

## 44. 解答 B

**Question**: What image did most people have of Alexander?

### 訳
質問：ほとんどの人はアレキサンダーについてどのようなイメージを持っていましたか。
(A) 彼はギリシャ哲学の信奉者だった。
(B) 彼は非常に腕のよい司令官だった。
(C) 彼はたくさんの都市を築いた。
(D) 彼は非常に宗教的な人だった。

**解説**
質問は，アレキサンダーの業績や人間性ではなく，人々が持つイメージを尋ねている。それに該当するのは，第1段落第2文の「古代世界の最も偉大な征服者が思い浮かぶ」と，第3文の「最も腕の立つ司令官の1人として有名である」。したがって，(B) が正解。

## 45. 解答 C

**Question**: According to the professor, what was the importance of Greece for Alexander?

### 訳
質問：教授によると，アレキサンダーにとってギリシャの重要性とは何でしたか。
(A) それは彼が戦いで用いた戦略に影響を与えた。
(B) それは彼の帝国にとって最も大きな脅威であった。
(C) それは彼が広めた知識の源であった。
(D) それは彼が兵士の多くを集めた場所であった。

### 解説
アレキサンダーとギリシャの関係については，第2段落前半に言及がある。第2文で Greek culture was one of the major influences in his life「ギリシャ文化は彼の人生における大きな影響の1つであった」と述べられており，また続けて彼がギリシャの科学，宗教および言語を広めたと言っている。したがって，(C) が正解。

## 46. 解答 A

**Question**: What was one of the effects Alexander had on the world that still remains now?

### 訳
質問：アレキサンダーが世界に与えた今も残っている影響の1つは何でしたか。
(A) ギリシャの神に似た仏像がある。
(B) アフガニスタンの人々はギリシャ語を話す。
(C) 現在20都市がグレート・アレキサンドリアと呼ばれている。
(D) アレキサンドリアはエジプトで最も大きい都市である。

### 解説
第2段落で，アレキサンダーがギリシャの科学や宗教を広めた結果として，In India, statues of Buddha resembling the Greek god Apollo have even been found.「インドではギリシャの神アポロに似た仏像さえ見つかっている」と述べられているので，(A) が正解。

## Questions 47-50

Listen to a talk about happiness given by a philosophy professor.

What is happiness? Philosophers as famous as Aristotle have thought about this question. When you look up the definition of its root word, "happy," words such as satisfaction, pleasure, and contentment appear. These words seem to imply that happiness is about getting what you want and deriving pleasure or getting feelings as a result of getting what you wanted. This definition of happiness is focused on the physical. However, when we look back at what famous philosophers had to say about happiness, we see that they were focused on the mind and inner happiness.

Socrates' student Plato said that for anyone to be happy they had to have wisdom, courage, moderation, and justice. More important than getting what you wanted was how you viewed the circumstances you were given and how you chose to act. Medieval philosopher Thomas Aquinas distinguished between enjoyment and happiness. Enjoyment is only the fulfillment of physical pleasures and will leave you feeling empty. So, how does one fill that emptiness? Holocaust survivor and psychiatrist Viktor Frankl believed you do so by finding personal meaning in life experiences. Similar to Plato, Frankl believed you found this meaning by how you acted in regard to your experiences.

**訳** 幸福についての哲学の教授の話を聞きなさい。

　幸福とは何か。アリストテレスのような有名な哲学者たちはこの問題について考えてきました。その語源となる語「ハッピー」の定義を調べると，満足，喜び，充足などの語が現れます。これらの語は，幸福とは自分がほしいものを手に入れて喜びを得ること，あるいは自分がほしかったものを手に入れた結果として生まれる感情を得ることを暗に示しているようです。この幸福についての定義は物質的なものに焦点を当てています。しかし，有名な哲学者たちが幸福について言っていることを振り返ると，それらは精神と内的な幸福に焦点を当てていたことが分かります。

　ソクラテスの教え子のプラトンは，誰でも幸福になるためには，知恵，勇気，節制，正義を持つことが必要だと言いました。自分がほしがっていたものを手に入れる以上に大切なのは，与えられた状況をどのように見るか，そしてどのような行動を選ぶかだと。中世の哲学者トマス・アクィナスは，楽しみと幸福とを区別しました。楽しみは身体的快楽の充足にすぎず，後にはむなしさが残ります。では，そのむなしさを埋めるにはどうすればよいのでしょうか。ホロコーストを生き延びた精神分析医のヴィクトール・フランクルは，人生の経験に個人的な意味を見出すことで人はむなしさを埋めるのだと信じていました。プラトンと同じように，フランクルも経験に関してどのように行動するかによってこの意味を見出すのだと信じていたのです。

## 47. 解答 D

**Question :** What is the talk mainly about?

### 訳
質問：この話は主に何についてですか。
(A) より少ないものでどうやって幸福になるか。
(B) ヴィクトール・フランクルがどうやってホロコーストを生き延びたか。
(C) 黙想と幸福の重要性。
(D) 幸福の真の意味。

### 解説
冒頭で「幸福とは何か」と述べている。続く文はすべて，その質問に対するさまざまな答えである。したがって，この話は「幸福とは何か」について述べたものと判断できるので，(C) が正解。「どうすれば幸福になれるか」については述べられているが，with fewer things とは述べられていないので (A) は不正解。

## 48. 解答 C

**Question :** Why does the professor give the dictionary definition of happiness?

### 訳
質問：教授はなぜ辞書にある幸福の定義を述べているのですか。
(A) 幸福の本質は喜びに関するものだと示すため。
(B) 幸福は時の経過とともに変化してきたことを示すため。
(C) 定義が物質的なものに焦点を当てていることを示すため。
(D) ほとんどの人は簡単に幸福を手に入れられることを示すため。

### 解説
辞書にある定義は，第1段落第3文 When you look up the definition of its root word 以降で述べられている。続く文で，その定義が物質的なものに焦点を当てていることが述べられているので，(C) が正解。それに対して，プラトンやほかの哲学者たちの定義はもっと精神的なものであると説明されているので，辞書の定義を挙げることでその対比を際立たせようとしたと考えられる。

## 49. 解答 B

**Question**: What does Plato believe is important for happiness?

### 訳

質問：プラトンは，幸福にとって何が重要だと信じていますか。
(A) 富と道徳とのバランスを保つこと。
(B) 正しいものの見方をすること。
(C) 親しい友達をたくさん持つこと。
(D) できるだけ多くの楽しみを求めること。

### 解説

哲学者の考えは第2段落で説明されている。プラトンは「与えられた状況をどのように見るか，そしてどのような行動を選ぶか」が大切だと述べた。したがって，この考えに最も近い(B) が正解。

## 50. 解答 C

**Question**: What is mentioned about enjoyment?

### 訳

質問：楽しみについて何が言及されていますか。
(A) それは苦しみの後に来る。
(B) それは適度になされるべきである。
(C) それはむなしさに至る。
(D) それは集中すると起こる。

### 解説

「楽しみ」については，話の後半で Enjoyment is only the fulfillment of physical pleasures and will leave you feeling empty. と説明されている。つまり「身体的快楽の充足にすぎず，後でむなしい気持ちにさせる」ということなので，(C) が正解。

# Practice Test 3  問題

CD2 41〜50                          Part A

1. (A) She has only been on two field trips.
   (B) She preferred the previous field trips.
   (C) She is looking forward to this weekend's trip.
   (D) She considers the last field trip the best.

2. (A) The plan took a while to read.
   (B) The rough draft needs to be discussed.
   (C) The woman has to outline her schedule.
   (D) The professor has had no time to read the plan.

3. (A) Julie is always the quickest to get her results.
   (B) Julie is generally an excellent student.
   (C) The results were as predicted.
   (D) He already heard about the math exam.

4. (A) He lives off-campus.
   (B) He is planning a career as a pilot.
   (C) He wanted to major in entertainment.
   (D) He is studying a course related to food and events.

5. (A) Pets are not permitted anywhere at their college.
   (B) Animals must be kept inside dormitories.
   (C) He is scared of animals at his college.
   (D) Loud animals must be grounded.

Practice Test 3では，Directionsを省略しています。

6. (A) It can be completed with ease.
   (B) It is quite intensive.
   (C) It is not offered during the summer.
   (D) It will be very crowded.

7. (A) The man use a mix of locations for test study.
   (B) The man exercise to refresh his mind.
   (C) The man find a different study lounge.
   (D) The man drink coffee to stay awake.

8. (A) The students publish a monthly blog.
   (B) They have recently interviewed a member of staff.
   (C) The professor is going to retire.
   (D) There has been a change of faculty head lately.

9. (A) The woman wait in line with the other students.
   (B) The woman sit closer to the front of the class.
   (C) The woman speak with her professor at another time.
   (D) The woman look for answers in the physics materials.

10. (A) He has never been absent from class.
    (B) He lent his Biology papers to the woman.
    (C) He has finished the course now.
    (D) He borrowed some study materials from the woman.

11. (A) He has not decided yet.
    (B) He will join the Law Club.
    (C) He had to quit the Opera Club.
    (D) He could not get into the Law Club.

12. (A) She really enjoyed the entertainment.
    (B) The music was not to her liking.
    (C) She arrived thirty minutes early.
    (D) She was banned from attending the party.

13. (A) He managed to attend the lecture.
    (B) He stayed behind to talk to the professor.
    (C) He could not make the lecture.
    (D) He went back home during the lecture.

14. (A) The man use an alarm clock in class.
    (B) The man stop working full time.
    (C) The man take short sleep breaks.
    (D) The man get a more powerful phone.

15. (A) The man needs to study dodge ball rules first.
    (B) The man can keep the match winning ball.
    (C) The man will not be able to do both sports.
    (D) The man should change from softball to dodge ball this season.

**16.** (A) He has not been on campus today.
  (B) He will not be back until the morning.
  (C) He made a quick departure earlier on that day.
  (D) He was in a rush to get to the laboratory.

**17.** (A) The woman take a bus downtown.
  (B) The woman find a way to know the bus timetable.
  (C) The woman call a cheaper cab firm.
  (D) The woman live somewhere more accessible.

**18.** (A) Produce the leaflet in bulk.
  (B) Ensure the content is correct.
  (C) Pass out the notice.
  (D) Go through how to use the printer.

**19.** (A) The woman admit her error as soon as possible.
  (B) The woman copy her report right away.
  (C) The source of the report be investigated.
  (D) The assignment be kept out of sight.

**20.** (A) She was able to get a full scholarship.
  (B) She will be at college for ten years in total.
  (C) She was unable to obtain official academic funding.
  (D) She will also be fully qualified to work in finance.

CD 2  61 ~ 70

**21.** (A) The programming unit of the course is difficult.
   (B) The number of successful students is very high.
   (C) The nursing course is tough.
   (D) The woman was told to drop in and experience the program.

**22.** (A) He would prefer smaller classes.
   (B) The situation is not as bad as the woman thinks.
   (C) He thinks the crowds could be handled better.
   (D) Introduction courses are effective ways to learn.

**23.** (A) She thinks the project was easy.
   (B) She thinks the project was tough, too.
   (C) She slept for four days straight.
   (D) She wishes she had not overslept.

**24.** (A) She should have passed Spanish.
   (B) She did not pass math last semester.
   (C) She takes the same classes every semester.
   (D) She will probably not fail math.

**25.** (A) She preferred college in the earlier years.
   (B) This is the best time in her college life.
   (C) She has not enjoyed anything in her senior year.
   (D) College does not bring her any enjoyment.

**26.** (A) Check the paper for errors.
 (B) Make the paper more complex.
 (C) Simplify her work.
 (D) Write the conclusion.

**27.** (A) She cannot bear history.
 (B) She just managed to speak with her teacher.
 (C) She rarely speaks with any faculty members.
 (D) She had difficulty following the lesson.

**28.** (A) She regrets paying full price for her books.
 (B) She prefers to buy her textbooks as early as possible.
 (C) She is going to wait until next week to purchase her Art books.
 (D) She is surprised the man did not buy used books.

**29.** (A) Pass on the message to Lucy in person.
 (B) Leave the rehearsal early.
 (C) E-mail Lucy from the lab.
 (D) Find a new classroom to rehearse in.

**30.** (A) The man park in the middle spaces.
 (B) The man use two places to park his car.
 (C) The man drive in forwards instead.
 (D) The man try an alternative parking area.

**Part B**

**31.** (A) His neat handwriting skills.
 (B) His ability to hold back from arguing.
 (C) His straightforward content.
 (D) His high score in logistics.

**32.** (A) He should lower his voice during discussions.
 (B) He needs to stop speaking out of turn.
 (C) He has to be more friendly with the other students.
 (D) He ought to vocalize his opinions more.

**33.** (A) They should not be used during presentations.
 (B) They are fine for occasional reference.
 (C) They are a security risk.
 (D) They are a reliable way to study.

**34.** (A) By having his professor evaluate his recordings.
 (B) By watching videos of other people's performances.
 (C) By paying someone to teach him good posture.
 (D) By rehearsing in front of the professor.

**35.** (A) He needs advice about what major to choose in university.
   (B) He wants his brother to get good grades.
   (C) He is trying to get ahead in the class.
   (D) He is considering his field of study.

**36.** (A) Keeping the parents happy.
   (B) Testing out how well the child can do things.
   (C) Learning what is acceptable behavior.
   (D) Trying to get the parents to love the child.

**37.** (A) Studying subjects that are considered essential.
   (B) Following teachers' directions closely.
   (C) Taking risks and trying to overcome them.
   (D) Discovering and focusing on their talents.

**38.** (A) Returning to his responsibilities as soon as possible.
   (B) Getting his homework done for him.
   (C) Eating his meals with family.
   (D) Being driven to school.

Part C

**39.** (A) Ancient forms of sign language.
(B) Comparing American to French sign language.
(C) The development and state of ASL.
(D) The American School for the Deaf.

**40.** (A) To show how it influenced American Sign Language.
(B) To show that sign language has existed in America for a long time.
(C) To show that sign language was brought to America from France.
(D) To show that sign language was difficult to learn.

**41.** (A) ASL is the fourth most popular language in the U.S.
(B) ASL does not come from British Sign Language.
(C) ASL is used by more hearing than hearing-impaired people.
(D) ASL was first developed in Canada.

**42.** (A) The American School for the Deaf has not disclosed the number.
(B) Many ASL users live in Canada.
(C) In order to protect the privacy of the hearing-impaired.
(D) An official count of ASL speakers has never been done.

**43.** (A) How coffee became popular in Europe.
(B) The bad effects of caffeine.
(C) What caffeine is and how it became popular.
(D) New caffeine products emerging on the market.

**44.** (A) Coffee was popularized by a goat herder.
(B) Coffee came to Europe after cocoa.
(C) Coffee is the most potent source of caffeine.
(D) Coffee was invented by Italians.

**45.** (A) To attract bees for pollination.
(B) To keep insects from eating them.
(C) To protect them from certain diseases.
(D) To help them to better absorb nutrients.

**46.** (A) It could disturb mental stability.
(B) It could increase chances of cancer.
(C) It could cause excessive sleepiness.
(D) It could become very addictive.

CD 2  79 ~ 80

**47.** (A) How to improve memory.
   (B) A recent discovery about memory.
   (C) The way memory operates.
   (D) The plasticity of memory.

**48.** (A) To show that Descartes had a great memory.
   (B) To show that the study of human memory is old.
   (C) To show that philosophy and memory are closely related.
   (D) To show that memory is important to being human.

**49.** (A) Prior memories.
   (B) The senses.
   (C) Electricity.
   (D) Constant repetition.

**50.** (A) It transfers memories from short- to long-term.
   (B) It allows the brain to remember more.
   (C) It helps the brain to restructure itself.
   (D) It makes memories last longer.

# CHAPTER 2

Practice Test 3

# Practice Test 3  解答・解説

## 解答一覧

### Part A

| | | | | | |
|---|---|---|---|---|---|
| 1 | D | 11 | B | 21 | C |
| 2 | B | 12 | B | 22 | B |
| 3 | B | 13 | A | 23 | B |
| 4 | D | 14 | C | 24 | D |
| 5 | A | 15 | C | 25 | B |
| 6 | B | 16 | C | 26 | C |
| 7 | A | 17 | B | 27 | D |
| 8 | D | 18 | B | 28 | A |
| 9 | C | 19 | A | 29 | A |
| 10 | D | 20 | C | 30 | D |

### Part B

| | | | | |
|---|---|---|---|---|
| 31 | C | 35 | D |
| 32 | D | 36 | C |
| 33 | B | 37 | A |
| 34 | A | 38 | A |

### Part C

| | | | | | |
|---|---|---|---|---|---|
| 39 | C | 43 | C | 47 | C |
| 40 | B | 44 | B | 48 | D |
| 41 | B | 45 | B | 49 | B |
| 42 | D | 46 | A | 50 | C |

# Part A 解答・解説

問題 p.200～205

## 1. 解答 D  CD2 41

**M**: Did you enjoy the field trip last weekend?
**W**: Even more than the first two!
**Question**: What does the woman mean?

**訳** 男性：先週末の校外見学は楽しかった？
女性：最初の2回よりもずっとね！
質問：女性は何を意味していますか。
(A) 彼女は2回しか校外見学に行っていない。
(B) 彼女は以前の校外見学の方がよかったと思った。
(C) 彼女は今週末の旅行を楽しみにしている。
(D) 彼女はこの前の校外見学が一番よかったと思っている。

**解説** 男性が先週末の校外見学は楽しかったかと尋ねたのに対して、女性はYesやNoで答えていない。Even more ～は、I enjoyed it even more ～という意味。moreの比較対象はthe first two（field trips）。つまり女性はそれまでに2回校外見学に行っていて、先週末のものがそれまでのものよりも楽しかったと言っていることになる。したがって、(D)が正解。

## 2. 解答 B  CD2 42

**W**: Did you finish looking over my outline, Professor Smith?
**M**: I did, and I think we need to schedule some time to talk about it.
**Question**: What does the man mean?

**訳** 女性：スミス先生、私の概要に目を通し終えていただけましたか。
男性：目を通し終えたよ。それで、概要について話す時間を取る必要があると思うんだ。
質問：男性は何を意味していますか。
(A) その企画は読むのに少し時間がかかった。
(B) その草稿について議論する必要がある。
(C) 女性はスケジュールのあらましを述べる必要がある。
(D) 教授はその企画を読む時間がなかった。

**解説** 女性のDid you finish looking over my outline?という質問に対して、教授はI didと言っているので、目を通し終えたことが分かる。その後に、we need ... to talk about it (= the outline)と言っているので、(B)が正解。

213

## 3. 解答 B  CD2-43

**W**: Did you hear about Julie failing math?
**M**: That's got to be a first for her.
**Question**: What does the man imply?

🈯 女性：ジュリーが数学を落としたって聞いた？
男性：彼女にとってはきっと初めてだね。
質問：男性は暗に何を言っていますか。
(A) ジュリーはいつも一番早く結果を得る。
(B) ジュリーは大体において優秀な学生だ。
(C) 結果は予測されていた通りだった。
(D) 彼は数学の試験についてすでに聞いた。

解説 男性の発言中のThatは，「ジュリーが数学を落としたこと」を指している。ジュリーは今回初めて科目を落としたくらいなので，優秀な生徒であると判断できる。したがって，(B) が正解。

## 4. 解答 D  CD2-44

**W**: Mike's dorm dinner parties are amazing. He is going to be a highflyer in catering when he graduates.
**M**: You can say that again. He certainly chose the right major!
**Question**: What can be inferred about Mike?

🈯 女性：マイクが開く寮のディナーパーティーは素晴らしいのよ。卒業するころには仕出しの凄腕になっているわね。
男性：その通りだな。彼の専攻の選択が正しかったことは間違いないね！
質問：マイクについて何が推測できますか。
(A) 彼はキャンパス外に住んでいる。
(B) 彼はパイロットとしてのキャリアを計画している。
(C) 彼は芸能を専攻したかった。
(D) 彼は食べ物とイベントに関係のある講座を勉強している。

解説 女性の発言中のhighflyerは「（事業などの）成功者」, cateringは「仕出し，出張パーティー」などの意味。したがって，マイクのパーティーの素晴らしさは，彼のパーティー料理にあるということ。それに対して男性が，「専攻の選択が正しかった」と言っているのだから，マイクは料理や仕出しに関する勉強をしていることが分かる。したがって，(D) が正解。

## 5.　解答　A　(CD2 45)

W : Are animals allowed on campus?
M : Neither in dorms, nor on the school grounds, I'm afraid.
Question : What does the man mean?

**訳**　女性：キャンパスに動物を連れて行っていいんですか。
男性：残念ながら，寮も大学構内も駄目です。
質問：男性は何を意味していますか。
(A) 彼らの大学ではどこもペットは許可されていない。
(B) 動物は寮の中に入れておかなければならない。
(C) 彼は大学内の動物が怖い。
(D) 声の大きい動物は閉じ込めなければならない。

**解説**　女性のAre animals allowed on campus?という質問に対して，Neither A nor B「AでもBでもない」という表現を使って答えているので，in dorms「寮の中」もon the school grounds「大学構内」もペット禁止，つまり大学内ではどこも動物が許可されていないことになる。したがって，(A) が正解。(B) は寮の中では許可されているという意味になるので不適切。

## 6.　解答　B　(CD2 46)

W : I'm thinking of taking a math class this summer.
M : That's 3 months of study crammed into 4 weeks. Can you handle it?
Question : What can be inferred about the class?

**訳**　女性：この夏は数学の授業を取ろうかと思っているの。
男性：それって3カ月分の勉強を4週間に詰め込んだ授業だよ。やっていけるの？
質問：その授業について何が推測できますか。
(A) それは簡単に修了できる。
(B) それは非常に集中的である。
(C) それは夏の間は提供されていない。
(D) それはとても混雑するだろう。

**解説**　女性が数学の授業を取ろうと思うと言ったのに対して，男性はThat's (＝The math class is) 3 months of study crammed into 4 weeks.と言っている。直訳すると「4週間に詰め込まれた3カ月分の勉強」，つまり「3カ月分の授業を4週間に詰め込んだもの」ということ。短期間の非常に厳しい授業だと分かるので，(B) が正解。

## 7. 解答 A （CD2 47）

**M**: The study lounges are full, and I have my first mid-term soon!
**W**: Move around coffee shops and libraries! Studying in different places helps us to remember better.
**Question**: What does the woman suggest?

**訳**
男性：学習ラウンジはいっぱいだよ，もうすぐ初めての中間試験なのに！
女性：コーヒーショップと図書館を回ればいいわ！ いろいろな場所で勉強する方がよく覚えられるのよ。
質問：女性は何を提案していますか。

(A) 男性が試験勉強にあちこちの場所を使う。
(B) 男性が気分をリフレッシュするために運動をする。
(C) 男性が別の学習ラウンジを見つける。
(D) 男性が目を覚ましているためにコーヒーを飲む。

**解説** 男性のI have my first mid-term soon!には，「勉強をしなければいけないのに」という気持ちが含まれている。つまり，学習ラウンジがいっぱいで，勉強したいのにできないと言っているのである。それに対して女性は，いろいろ違う場所で勉強しなさいと提案しているので，(A)が正解。

## 8. 解答 D （CD2 48）

**W**: Why don't we write about the new dean for this week's edition of the campus blog?
**M**: Better still, let's try and get an interview with him.
**Question**: What do we learn from the conversation?

**訳**
女性：キャンパスブログの今週号に新しい学部長のことを書いたらどうかしら。
男性：もっといいのは，彼にインタビューできるかやってみようよ。
質問：この会話から何が分かりますか。

(A) 学生は毎月ブログを発行している。
(B) 彼らは最近スタッフのメンバーにインタビューした。
(C) 教授が退職する。
(D) 最近学部長が代わった。

**解説** 女性の発言のnew dean「新しい学部長」から，最近学部長が代わったことが分かるので，(D)が正解。(A)は学生がブログを出しているという点では正しいが，女性のthis week's edition「今週号」から，ブログは毎月ではなく毎週発行していることが分かるので不適切。

## 9. 解答 C 🎧 CD2 49

> **W**: I can never ask the professor questions after physics class. There is always a group of people around him.
> **M**: Have you checked his office hours on the syllabus? Why not try then?
> **Question**: What does the man suggest?

**訳**
女性：物理の授業の後はどうしても先生に質問できないのよ。いつも先生の周りには集団がいるんだもの。
男性：時間割で先生のオフィスアワーを調べた？ その時を狙ってみるといいんじゃないかな。
質問：男性は何を提案していますか。
(A) 女性がほかの学生と一緒に並んで待つ。
(B) 女性がクラスの前近くに座る。
(C) 女性がほかの時間に教授と話をする。
(D) 女性が物理の教材の中から答えを探す。

**解説** 女性は先生に質問ができないと言っているが、その理由は、授業の後はいつも先生の周りに人が集まるからである。それに対して男性は、先生のオフィスアワー、つまり先生が学生と話ができるように研究室にいる時間を確認したかどうか聞いている。その後に Why not try then? と言っているが、この then は office hours のこと。正解は (C)。

## 10. 解答 D 🎧 CD2 50

> **W**: Have you caught up with the Biology 142 class you missed last week?
> **M**: Finally ... but I completely forgot to return your notes today.
> **Question**: What can be inferred about the man?

**訳**
女性：先週出席できなかった生物学142の授業は追いついた？
男性：やっとね…でも今日君のノートを返すことをすっかり忘れていたよ。
質問：男性について何が推測できますか。
(A) 彼は授業を欠席したことがない。
(B) 彼は生物学のレポートを女性に貸した。
(C) 彼はこれでその講座を終えた。
(D) 彼は女性から勉強の資料を借りた。

**解説** 女性の発言から、男性が先週、生物学の授業を休んだことが分かる。男性は I completely forgot to return your notes と言っているので、女性からノートを借りていたことが分かる。したがって、(D) が正解。(B) は立場が逆である。

## 11. 解答 B  CD2 51

**W**: Did you join the Law, or the Opera Club in the end?
**M**: The Opera hours just looked too demanding, so the decision was made for me.
**Question**: What does the man mean?

**訳** 女性：結局法律クラブに入ったの，それともオペラクラブ？
男性：オペラの時間はとにかく厳し過ぎるようだったから，決定は下されたね。
質問：男性は何を意味していますか。
(A) 彼はまだ決めていない。
(B) 彼は法律クラブに入る。
(C) 彼はオペラクラブを辞めなければならなかった。
(D) 彼は法律クラブに入れなかった。

**解説** LawはOpera Clubと並列なので，Law Clubのことだと判断できる。in the endは「結局」という意味。男性はOpera hours「オペラクラブの活動時間」がtoo demanding「厳し過ぎる，きつ過ぎる」と言っているので，オペラクラブは選ばないと分かる。法律クラブを選ぶことが分かるので，(B)が正解。

## 12. 解答 B  CD2 52

**M**: Did you have fun at the dorm party on Saturday?
**W**: With that band?! I lasted half an hour and then had to get out!
**Question**: What does the woman mean?

**訳** 男性：土曜日の寮のパーティーは楽しかった？
女性：あのバンドで?! 30分何とか我慢できたけれど，それから抜け出さずにいられなかったわ！
質問：女性は何を意味していますか。
(A) 彼女は出し物を本当に楽しんだ。
(B) 音楽は彼女の好みではなかった。
(C) 彼女は30分早く着いた。
(D) 彼女はパーティーに出席させてもらえなかった。

**解説** 男性がDid you have fun ～?と尋ねたのに対して，女性はWith that band?!と言っている。これはDid I have fun with that band?!という疑問文の略だが，「あのバンドでは全然楽しめなかった」という意味を表している。続く「抜け出さずにいられなかった」からも，バンドが我慢できなかったことが分かる。したがって，(B)が正解。lastはここでは「持ちこたえる」という意味。

## 13. 解答 A (CD2 53)

W: Were you at the lecture last night? I didn't see you.
M: I only just made it, so I stayed at the back.
Question: What does the man mean?

訳　女性：夕べ講義に出席していた？　見かけなかったけれど。
　　男性：ぎりぎりに滑り込んだんだよ。だから後ろの方にいたんだ。
　　質問：男性は何を意味していますか。
(A) 彼は何とか講義に出席できた。
(B) 彼は教授と話をするために後ろの方にいた。
(C) 彼は講義に出席することができなかった。
(D) 彼は講義の間に家に戻った。

解説　講義に出ていたかを尋ねられた男性は，I only just made itと言っている。makeは「～に間に合う」という意味。ぎりぎり間に合ったが，I stayed at the back「後ろの方にいた」ので，女性は男性を見かけなかったという状況である。したがって，(A) が正解。

## 14. 解答 C (CD2 54)

M: Being a full-time student with a job is tough. I can't stay awake in class.
W: Power naps are a great energizer. Just set your phone alarm for 25 minutes and switch off.
Question: What does the woman suggest?

訳　男性：昼間部の学生で仕事を持っているのは，きついよ。授業中起きていられない。
　　女性：仮眠をするとすごくエネルギーが回復するのよ。電話のアラームを25分にセットして，自分のスイッチをオフにしてごらんなさい。
　　質問：女性は何を提案していますか。
(A) 男性が授業中に目覚まし時計を使う。
(B) 男性がフルタイムで働くのをやめる。
(C) 男性が睡眠のための短い休憩を取る。
(D) 男性がもっとパワーのある電話を買う。

解説　男性が「授業中起きていられない」，つまりとても眠いと言っているのに対して，女性はpower nap「仮眠」が非常によいと言って，その方法を説明している。phone alarmは携帯電話のアラームのこと。最後のswitch offは電話やアラームのことではなく，男性本人のスイッチを切って頭をリラックスさせるという意味。したがって，(C) が正解。

## 15. 解答 C （CD2 55）

**M :** I wanted to add dodge ball to my sports program this season, but there are so many match schedule conflicts.
**W :** Well, study comes first, so I guess you'll have to keep it to just softball for this year.
**Question :** What does the woman mean?

訳　男性：今季，スポーツプログラムにドッジボールを加えたかったんだけど，試合のスケジュールがほかとぶつかることがとても多いんだ。
　　女性：そうねえ，まず勉強優先だから，今年はソフトボールだけにしておくべきなんじゃない。
　　質問：女性は何を意味していますか。
　　(A) 男性はまずドッジボールのルールを学ばなければならない。
　　(B) 男性は試合のウィニングボールを持っていることができる。
　　(C) 男性は両方のスポーツをすることはできないだろう。
　　(D) 男性は今シーズン，ソフトボールからドッジボールに変更するべきだ。

解説　男性はドッジボールを加えたかったが，schedule conflicts「スケジュールのぶつかり合い」がとても多いと言っている。つまり，ほかの試合とドッジボールの試合の日程がよく重なるということ。それに対して女性は，you'll have to keep it to just softball for this yearと，今年はソフトボールだけにとどめておくべきだと言っているので，(C) が正解。

## 16. 解答 C （CD2 56）

**M :** Have you seen Professor Strong?
**W :** Not since he left the lab in a hurry this morning.
**Question :** What does the woman say about the professor?

訳　男性：ストロング先生を見かけた？
　　女性：今朝，急いで研究室を出られてからは見ていないわ。
　　質問：女性は教授について何と言っていますか。
　　(A) 彼は今日キャンパスに来ていない。
　　(B) 彼は朝まで戻らないだろう。
　　(C) 彼はその日早いうちに急いで出発した。
　　(D) 彼は研究室に行くのにとても急いでいた。

解説　男性のHave you seen Professor Strong?に対して，女性はNot since ～と言っているが，これはI have not seen him since ～の意味。今朝，先生が急いで研究室を出たのを見て以降は見ていないということなので，(C) が正解。

## 17. 解答 B　CD2 57

**W**: I keep missing the shuttle bus. I can't recall the times and have to pay out for taxis instead.
**M**: Why don't you download the bus app so you can access the schedule any time?
**Question**: What does the man suggest?

**訳** 女性：シャトルバスにどうしても遅れてしまうのよ。時間が思い出せなくて、代わりにタクシーに支払いをしなくちゃいけないの。
男性：バスのアプリをダウンロードして、いつでも時刻表にアクセスできるようにすれば？
質問：男性は何を提案していますか。
(A) 女性がダウンタウンへ行くバスに乗る。
(B) 女性がバスの時刻表を知る方法を見つける。
(C) 女性がもっと安いタクシー会社に電話をする。
(D) 女性がもっとアクセスのよい所に住む。

**解説** 女性の問題はいつもバスに乗り遅れること。その理由は、I can't recall the times である。それに対して男性は、いつでも時刻表にアクセスできるようにバスのアプリをダウンロードしてはどうかと提案しているので、(B) が正解。app は application のこと。

## 18. 解答 B　CD2 58

**M**: So, we just need to print off mass copies of the flyer and distribute it now.
**W**: Not until it's been thoroughly spell-checked!
**Question**: What will they probably do next?

**訳** 男性：それじゃあ、後はチラシを大量印刷して配布すればいいだけだね。
女性：しっかりスペルチェックを済ませるまでは駄目よ！
質問：彼らはおそらく次に何をしますか。
(A) 大量のチラシを製造する。
(B) 内容が正しいことを確かめる。
(C) 案内を配る。
(D) プリンターの使い方をおさらいする。

**解説** 男性が we just need to print off mass copies of the flyer and distribute it と言ったのに対して、女性は Not until ～「～するまではしない」と言っている。つまり、「スペルチェックをするまではコピーして配ることはできない」ということなので、まず彼らはスペルチェックをすると考えられる。したがって、(B) が正解。

221

## 19. 解答 A 🎧 CD2-59

**W**: Help! I turned in my English assignment, but I forgot to cite the sources.
**M**: See your professor immediately and report it before you are investigated for copying.
**Question**: What does the man suggest?

**訳**
女性：助けてよ！ 英語の宿題は提出したけど，出典を書くのを忘れたわ。
男性：すぐに先生に会って，剽窃について調査される前に報告しないと。
質問：男性は何を提案していますか。

(A) 女性ができるだけ早く自分のミスを認める。
(B) 女性が自分のレポートを直ちにコピーする。
(C) レポートの出典が調査される。
(D) 宿題を見えない所に置いておく。

**解説** 女性の問題は，I forgot to cite the sources「出典を書くのを忘れた」こと。男性は before you are investigated for copying「剽窃について調査される前に」すぐに先生に会うことを勧めている。admit her error「自分のミスを認める」と言い換えた (A) が正解。

## 20. 解答 C 🎧 CD2-60

**M**: I wish I had qualified for financial aid. My debts are going to be huge come senior year.
**W**: You and me both! I won't be able to pay mine off for at least a decade.
**Question**: What can be inferred about the woman?

**訳**
男性：経済的支援の資格を得ておけばよかった。4年生になる年には借金がものすごい額になりそうだよ。
女性：あなたも私も2人とも！ 私は少なくとも10年は完済できそうにないわ。
質問：女性について何が推測できますか。

(A) 彼女は奨学金を全額得ることができた。
(B) 彼女は合計10年間大学に在籍することになる。
(C) 彼女は公式の学問のための資金を得ることができなかった。
(D) 彼女も財務の仕事をするのに十分適任であるだろう。

**解説** 女性の You and me both! は，男性の My debts are going to be huge come senior year. に対して，女性も借金が巨額になるという意味。女性の発言からも，2人が奨学金を得られず，返さなければならない借金を抱えていることが分かる。したがって，(C) が正解。

## 21. 解答 C

**M :** This nursing program is really demanding but such a great experience.
**W :** Yeah. I heard that the drop-out rate is among the highest of all subjects here.
**Question :** What do we learn from the conversation?

訳　男性：この看護プログラムは本当にきついけど，かなり素晴らしい経験だよね。
女性：ええ。ここの全科目の中で中途放棄の割合が一番高い1つだって聞いたわ。
質問：この会話から何が分かりますか。
(A) このコースのプログラミングユニットは難しい。
(B) 成功している学生の数はとても多い。
(C) 看護コースはきつい。
(D) 女性は立ち寄ってそのプログラムを体験するように言われた。

解説　男性はThis nursing program is really demandingと言っている。demandingは「骨の折れる，きつい」という意味。それに対して，女性が「中途放棄の割合が高い」と言っているので，このコースがどれだけ厳しいかが分かる。したがって，(C) が正解。

## 22. 解答 B

**W :** These intro courses are too crowded. There are 200 people in every lecture.
**M :** You think so? I think the professors deal with big groups really well.
**Question :** What does the man mean?

訳　女性：この導入コースは混み過ぎね。どの講義も200人はいるわ。
男性：そう思う？ 僕は先生たちが大きなグループをとてもうまくさばいていると思うよ。
質問：男性は何を意味していますか。
(A) 彼は小さなクラスの方が好きだ。
(B) 女性が考えるほど状況は悪くない。
(C) 彼は集団をもっとうまく扱えるだろうと思っている。
(D) 導入コースは効果的な学習方法だ。

解説　女性はThese intro courses are too crowded.と言っているが，それに対して男性はYou think so?と疑問を呈しているので，男性はそれほど悪いとは思っていないことがうかがえる。また，それに続いて男性は，先生たちがとてもうまくやっていると述べているので，女性が言うほど状況が悪いとは思っていないことが分かる。したがって，(B) が正解。

## 23. 解答 B (CD2 63)

**M :** I didn't think this project would be so tiring.
**W :** I know. I feel like I haven't slept for days.
**Question :** What does the woman mean?

**訳** 男性：このプロジェクトがこんなに疲れるものだとは思わなかったよ。
女性：そうよね。何日も寝ていないような気がするわ。
質問：女性は何を意味していますか。
(A) 彼女はプロジェクトが簡単だったと思っている。
(B) 彼女もプロジェクトがきつかったと思っている。
(C) 彼女は4日寝続けた。
(D) 彼女は寝過ごさなければよかったと思っている。

**解説** 男性の「こんなに疲れるものだとは思わなかった」に対して，女性はI know.と言っているので，女性もプロジェクトが大変だったと思っていることが分かる。したがって，(B) が正解。続くI haven't slept for days.のfor daysは「何日も」という意味。

## 24. 解答 D (CD2 64)

**W :** I'm never going to pass this math class.
**M :** You said the same about Spanish last semester and look how that turned out!
**Question :** What does the man imply about the woman?

**訳** 女性：この数学のクラス，絶対パスしそうにないわ。
男性：先学期，スペイン語について同じように言っていて，結局どうなったか見てごらんよ！
質問：男性は女性について暗に何を言っていますか。
(A) 彼女はスペイン語にパスすべきだった。
(B) 彼女は先学期，数学にパスしなかった。
(C) 彼女は毎学期，同じクラスを取っている。
(D) 彼女はおそらく数学を落とさないだろう。

**解説** 女性は数学のクラスにパスしそうにないと言っているが，男性が「スペイン語について同じように言っていて，結局どうなったか見てごらんよ」と言っていることから，女性はスペイン語をパスしたと判断できる。男性は，女性は数学もパスするだろうと考えていることになる。したがって，(D) が正解。

## 25. 解答 B　CD2 65

**M**: Are you enjoying being a senior?
**W**: Never have I had so much fun at college!
**Question**: What does the woman imply?

**訳** 男性：4年生になって楽しんでいる？
女性：大学でこれほど楽しんだことはないわ！
質問：女性は暗に何を言っていますか。
(A) 彼女は大学の初めの学年の方がよかったと思っている。
(B) 今が彼女の大学生活で一番よい時である。
(C) 彼女は4年生になって何一つ楽しんだことがない。
(D) 大学は彼女に何の楽しみももたらさない。

**解説** 男性のAre you enjoying being a senior?に対する女性の答えは倒置文で，普通の語順に直すと，I have never had so much fun at college!となる。つまり，大学でこんなに楽しかったことはない，今が一番楽しいという意味なので，(B) が正解。so much「これほど」がなければ「大学では一度も楽しんだことがない」という意味になる。

## 26. 解答 C　CD2 66

**M**: Did your talk with Professor Denning about your thesis outline go OK?
**W**: Yeah. I go along with his conclusion that the content would perplex the reader.
**Question**: What will the woman probably do next?

**訳** 男性：卒論の概要についてのデニング先生との話し合いはうまくいった？
女性：ええ。内容が読者を混乱させるだろうという先生の結論に賛成だわ。
質問：女性はおそらく次に何をしますか。
(A) 論文の間違いをチェックする。
(B) 論文をもっと複雑にする。
(C) 彼女の論文をより簡素にする。
(D) 結論を書く。

**解説** 教授との卒論に関する話し合いがうまくいったかを尋ねた男性に対して，女性はI go along with his conclusion that the content would perplex the reader.と，彼女も論文が分かりづらいことを認めている。これからその点を修正すると考えられるので，(C) が正解。

225

## 27. 解答 D (CD2 67)

**M :** That substitute teaching assistant spoke really fast during the history class.
**W :** I hardly caught a word he said.
**Question :** What can be inferred about the woman?

訳　男性：あの代理の授業助手，歴史の授業の間本当に速くしゃべったね。
　　女性：私はほとんど一言も聞き取れなかったわ。
　　質問：女性について何が推測できますか。
　　(A) 彼女は歴史が我慢できない。
　　(B) 彼女は何とか自分の先生と話ができた。
　　(C) 彼女は教師の誰ともほとんど話をしない。
　　(D) 彼女は授業について行くのに苦労した。

解説　女性のcatch a wordは「言葉を聞き取る」という意味。男性の「授業助手が本当に速くしゃべった」という発言に対する返答なので，助手が速くしゃべり過ぎて，女性はほとんど一言も聞き取れなかったことが分かる。したがって，(D) が正解。

## 28. 解答 A (CD2 68)

**M :** I was surprised at how expensive these Art textbooks were.
**W :** Right. I wouldn't have got them if I'd known earlier about the used book sale next week.
**Question :** What can be inferred about the woman?

訳　男性：これらの美術の教科書の値段の高さには驚いたよ。
　　女性：本当よね。もっと早く来週の古本のセールのことを知っていたら，買わなかったのに。
　　質問：女性について何が推測できますか。
　　(A) 彼女は本に定価を払ったことを後悔している。
　　(B) 彼女は教科書をできるだけ早く買う方が好きだ。
　　(C) 彼女は美術の本を買うのを来週まで待つつもりだ。
　　(D) 彼女は男性が古本を買わなかったことに驚いている。

解説　女性のI wouldn't have got themは仮定法で，過去の事実に対して「〜だったのに」という後悔を表す。「古本のセールのことを知っていたら，買わなかったのに」というのは，「もう買ってしまって残念だ」という気持ちを表している。したがって，(A) が正解。

## 29. 解答 A  (CD2 69)

**W**: Shall I e-mail Lucy about the new rehearsal time?
**M**: Leave it to me. I'm on my way to the science lab to speak to her now.
**Question**: What will the man probably do next?

訳　女性：新しいリハーサルの時間のこと，ルーシーにEメールしましょうか。
　　男性：僕に任せて。今から彼女と話をしに科学研究室に行くところだから。
　　質問：男性はおそらく次に何をしますか。

(A) ルーシーに直接メッセージを伝える。
(B) リハーサルを早く抜ける。
(C) 研究室からルーシーにEメールを送る。
(D) リハーサルをする新しい教室を見つける。

解説　女性が「ルーシーにEメールしましょうか」と言ったのに対して，男性はLeave it to me.「僕に任せて」と答え，ルーシーと話をしに行くと続けているので，その時にルーシーにリハーサルの新しい時間のことを伝えるものと判断できる。したがって，(A) が正解。

## 30. 解答 D  (CD2 70)

**M**: East Street parking is so difficult to maneuver into.
**W**: Still having problems reversing?! The Midfield lot is much more spacious, you know.
**Question**: What does the woman suggest?

訳　男性：イースト通りの駐車場は停めるのが本当に難しいんだ。
　　女性：まだバックで苦労しているの?! ミッドフィールドの駐車場の方がずっと広いわよ。
　　質問：女性は何を提案していますか。

(A) 男性が真ん中のスペースに駐車する。
(B) 男性が駐車するのに2つの場所を使う。
(C) 男性が代わりに前進で駐車場に入る。
(D) 男性が別の駐車場を使ってみる。

解説　男性がイースト通りの駐車場は停めにくいと言ったのに対して，女性は男性がバックで苦労していることを知っていて，「ミッドフィールドの駐車場の方がずっと広い」と言っている。つまり，バックで駐車するのが難しいのなら，スペースの広い別の駐車場を使うことを勧めているのである。したがって，(D) が正解。

# Part B 解答・解説

## Questions 31-34

Listen to a conversation between a student and a professor who are discussing classroom performance.

**W :** Your recent research paper was well argued and your written thought process is always clear and logical. However, you're not one of the most outspoken students in the class, are you?

**M :** I know. I just don't feel comfortable speaking out in front of large groups.

**W :** I understand that, but the classroom is supposed to be a friendly environment, so it's a great opportunity to express your thoughts and get some immediate feedback and discussion with your peers.

**M :** I guess. I'll try and say more in the future. By the way, how was my presentation last week?

**W :** Again, the content was excellent and you had obviously worked really hard on it, but you did seem very reliant on your cue cards. There are no penalties in having cards, of course, but try to use them only as a guide, rather than reading each one too closely.

**M :** I think I used them as a security blanket to avoid having to make eye contact with everyone. In addition, I just don't know what to do with my hands when I'm standing there!

**W :** We've all had that issue. We actually have some rooms here. You can reserve to practice your presentations. They have video facilities, so you can work on your speaking, posture, gestures, and overall production.

**M :** I didn't know that! That would be really helpful. I'll be sure to pay a few visits and record myself. Would I be able to show you the videos and get some feedback?

**W :** Of course. Just make an appointment and we can go over your presentational style together.

**訳** 成績について話し合っている学生と教授の会話を聞きなさい。

女性：あなたが最近書いた研究レポートはよく検討されているし，書面で見るあなたの思考過程は常にはっきりして論理的ね。でも，あなたはクラスの中では，最もはっきり発言する学生の1人だとは言えないんじゃない？

男性：そうなんです。大勢の前で発言するのはあまり得意じゃないんですよ。

女性：それは分かるけれど，教室は親しい環境のはずだから，自分の考えを表現して，直接の反応や仲間との議論が得られる素晴らしいチャンスですよ。

男性：そうでしょうね。これからはもっと発言するようにします。ところで，先週の僕の発表はどうでしたか。

女性：同じことだけれど，内容は素晴らしくて，とても一生懸命準備をしたのは明らかだけれど，キューカードにかなり頼っているように見えたわ。もちろんカードを使うことに罰則はないけれど，それぞれをあまりしっかり読むのではなくて，単なる指針として使うようにした方がいいわね。

男性：みんなと目を合わせなくちゃならないのを避けるためのお守りとして使ったのだと思います。それに，あそこに立っている間，手をどうすればいいのか分からないんです！

女性：私たちはみんなその問題を抱えてきたわ。実はここにはいくつかの部屋があるの。発表の練習をするのに予約できるのよ。ビデオ設備もあるから，スピーキング，姿勢，手振り，それに全体的な演出にも取り組めるわ。

男性：それは知りませんでした！　それはとても助かりますね。きっと何度かそこへ行って自分を撮影します。先生にビデオを見せて，ご意見をいただけますか。

女性：もちろんよ。予約を取れば，あなたの発表のスタイルを一緒にチェックできるわ。

## 31. 解答 C

**Question :** In what area did the professor compliment the student?

> 訳

質問：教授はどの分野について学生を褒めましたか。
(A) 彼のきれいな字を書く技術。
(B) 彼の論争を控える能力。
(C) 彼の分かりやすい内容。
(D) 彼の兵站学での高得点。

解説

教授は最初に学生のレポートについて，well argued「よく検討されている」ことと，書面での思考過程がalways clear and logical「常にはっきりして論理的」なことを褒めている。学生が2番目の発言で，自分の発表について尋ねたのに対しても，内容は素晴らしいと褒めているので，(C) が正解。(B) のhold back from ～は「～を控える」という意味。

## 32. 解答 D

**Question :** What does the man need to improve on during class?

> 訳

質問：授業中に男性が改善する必要のあることは何ですか。
(A) 彼は議論のときにもっと小さな声で話すべきだ。
(B) 彼は順番を無視して話すのをやめる必要がある。
(C) 彼はほかの学生たちともっと仲よくしなければならない。
(D) 彼はもっと自分の意見を声に出すべきだ。

解説

教授は最初に，学生があまり発言する方ではないと言った後，2番目の発言で，授業は考えを表現して反応や議論を得るよい場所だと言っている。つまり，学生は授業中にもっと自分の考えを発言すべきだという意味だと考えられる。したがって，(D) が正解。(C) のfriendlyは会話に出てくるが，それは教室がfriendly environmentだという意味で，この学生がもっとfriendlyでなければならない，ということではない。

## 33.  解答 B

**Question** : What does the professor say about cue cards?

**訳**

質問：教授はキューカードについて何と言っていますか。

(A) それは発表中には使うべきではない。
(B) それは時々参照するのには問題がない。
(C) それは安全を脅かすものだ。
(D) それは信頼できる勉強方法だ。

**解説**

教授は3番目の発言で，学生がキューカードに頼り過ぎていたと言っている。続けて，There are no penalties in having cardsと言っているので，使うこと自体に問題があるわけではない。さらに，try to use them only as a guideと言っている。つまり，分からなくなったり，なりそうになったときに指針として使うようにとアドバイスしていることになる。したがって，(B) が正解。

## 34.  解答 A

**Question** : How will the man practice for his next presentation?

**訳**

質問：男性は次の発表に向けてどのようにして練習しますか。

(A) 自分を録画したものを教授に評価してもらって。
(B) ほかの人たちの発表ぶりのビデオを見て。
(C) 人にお金を払ってよい姿勢を教えてもらって。
(D) 教授の前でリハーサルをして。

**解説**

教授は4番目の発言で，練習のために使える部屋があり，そこにはビデオ設備もあるので，自分の話し方や姿勢をチェックできると言っている。また，次の学生の発言からも，自分が話しているところを録画できる設備であることが分かる。学生は教授に，Would I be able to show you the videos and get some feedback?と尋ねて，教授はOf course.と答えているので，(A) が正解。

## Questions 35-38

Listen to a conversation between a student and a professor.

**M :** Professor Bryant, could you help me understand the social-developmental processes in the psychology of children?

**W :** It's because you have a brother in elementary school, right?

**M :** That may be true, but it's actually because I may declare this as my major.

**W :** The prevailing theory for social development has two stages for children: the purpose stage, ages 4-5, and then the competence stage, ages 5-12, when formal education kicks in.

**M :** The purpose stage is when children test out rules, like when or where it is OK to run, jump or shout, right? Based on their parents' reaction to their behavior, glad or mad, they become aware of what their parents think is right or wrong.

**W :** Good job. And as for the competence stage, children are eager to learn what society, and in this case, teachers, tell them is important, such as reading, writing, sports, and nowadays, computers. But what truly builds self-confidence is when they find out and pursue their talents, but not every child is able to achieve this, unfortunately.

**M :** What happens to them?

**W :** They'll start to feel defeated. They may take risks with their behavior, becoming rebellious.

**M :** So, does that mean I shouldn't help my brother with his tasks, even when he's sick?

**W :** Well, you shouldn't do his homework for him, because that may hurt his confidence regarding his school performance. But if you cook or clean for him, he'll be appreciative because he's relying on you to get him back to his school-related activities promptly.

🈑 学生と教授の会話を聞きなさい。

男性：ブライアント先生，児童心理の社会性の発達過程を理解したいので教えていただけますか。

女性：あなたには小学生の弟がいるからなのね。

男性：そうかもしれませんが，実はこれを専攻として登録するかもしれないからなんです。

女性：社会性の発達についての主流の理論では，子供には2つの段階があります。4歳から5歳の目的段階と，次に，公教育が作用し出す5歳から12歳の有能感段階よ。

男性：目的段階とは，例えば，いつどこで走ったり跳んだり叫んだりしていいかなどの規則を子供が試してみるときですよね？　自分の行動に対する親の反応，喜んでいるか怒っているかに基づいて，彼らは親が何を正しい，あるいは間違っていると考えているかを理解するわけです。

女性：よくできました。そして有能感段階では，子供たちは社会，この場合は先生が重要だと教えること，例えば読み書きやスポーツ，今時だとコンピュータについて熱心に学ぶの。でも本当に自信を形成するのは，彼らが自分の才能を見つけてそれを追求するときなのだけれど，残念ながらすべての子供がそれを達成できるわけではないの。

男性：子供に何が起こるのですか。

女性：敗北感を味わい始めるの。反抗的になって，自分の行動を危険にさらすかもしれない。

男性：つまり，弟が病気のときでも宿題を手伝ってはいけないということですか。

女性：そうね，弟さんの宿題をあなたがしてあげるべきではないわね。なぜなら，成績に関する弟さんの自信を傷つけるかもしれないでしょう。でも料理や掃除をしてあげれば，弟さんはあなたのおかげで学校に関連した活動にすぐに戻れるようになるのだから，あなたに感謝すると思うわ。

## 35. 解答 D

**Question : Why is the man seeking help from the professor?**

🗾

質問：男性はなぜ教授の助けを求めているのですか。
(A) 彼は大学で何を専攻するかについて助言を必要としているから。
(B) 彼は弟によい成績を取ってほしいと思っているから。
(C) 彼はクラスで優位に立とうとしているから。
(D) 彼は自分の研究分野を検討中だから。

解説

児童心理について尋ねられた教授は，その理由を「弟がいるからなのね」と確認しているが，学生は「そうかもしれませんが」と前置きして，「これを専攻として登録するかもしれない」と説明している。したがって，(D) が正解。弟のことを考えてはいるが，話の流れから (B) は不正解。

## 36. 解答 C

**Question : What is the psychological process in the purpose stage?**

🗾

質問：目的段階における心理学的な過程は何ですか。
(A) 親を満足させておくこと。
(B) 子供がいろいろなことをどれだけうまくできるか試すこと。
(C) 許容される行動はどんなものかを学ぶこと。
(D) 親に子供を愛してもらおうとすること。

解説

目的段階については，学生が3番目の発言で述べている。目的段階とは，子供が規則を試してみるときで，「親が何を正しい，あるいは間違っていると考えているかを理解する」時期だと言っているので，(C) の内容と一致する。親が満足しているかどうかを判断基準にするということであって，親を満足させることが目的ではないので，(A) は不正解。

## 37.  解答 A

**Question :** What are schoolchildren most concerned about during the competence stage?

**訳**

質問：学校へ行っている子供たちは有能感段階の間，何に最も関心がありますか。

(A) 必要不可欠だと考えられている科目を勉強すること。
(B) 先生の指示にしっかりと従うこと。
(C) 危険を冒してそれを克服しようとすること。
(D) 自分の才能を発見し，それに集中すること。

**解説**

有能感段階については，教授が3番目の発言で説明している。子供たちが読み書きなどの社会的に必要と考えられていることを熱心に学ぶ時期だと言っているので，(A) の内容と一致する。自分の才能を見つけてそれを追求するとも言っているが，それは全員ができることではないと言っているので，子供たちが最も関心を寄せていることとは言えない。したがって，(D) は不正解。

## 38.  解答 A

**Question :** What does the professor say is important to the man's younger brother when he is sick?

**訳**

質問：教授は，病気のときに男性の弟にとって大切なことは何だと言っていますか。

(A) できるだけ早く自分の責任に戻ること。
(B) 宿題をしてもらうこと。
(C) 家族と一緒に食事をすること。
(D) 学校へ追いやられること。

**解説**

最後の発言で教授は，宿題を手伝うと自信をなくすと言っているので，(B) は間違い。続けて，料理や掃除をしてあげると「学校に関連した活動にすぐに戻れるようになる」と言っている。つまり教授は，弟が自分の活動に戻るのを学生が助けることが大切だと言っているので，(A) が正解。

# Part C 解答・解説

## Questions 39-42

Listen to a professor giving a talk about sign language.

Some of you here might know sign language, but how many of you know how sign language got started in America? In North America, forms of sign language have existed for hundreds of years. Native Americans used it before the arrival of Europeans to communicate between tribes with different languages. However, the system of sign language in common use today in the U.S. wasn't developed until the 19th century. It's called American Sign Language, or ASL, and it started in Hartford, Connecticut.

Since we speak English in the U.S., you would think ASL comes from British Sign Language, but you'd be wrong. That's because ASL started at the American School for the Deaf and its founder Thomas Hopkins Gallaudet based ASL on French Sign Language, or FSL. Although ASL is closest to FSL, it is definitely its own language with many of its own rules. We know that ASL is the most commonly used sign language in the U.S. and in English-speaking parts of Canada. However, because a census of people using ASL has never been taken, we don't know the exact number. Best estimates say anywhere from 100,000 to 500,000 people. Still, even if you yourself are not hearing-impaired, you may find ASL useful when communicating with those who are.

**訳** 手話についての教授の話を聞きなさい。

　ここにいるあなたたちの何人かは手話を知っているかもしれませんが，アメリカで手話がどのように始まったかを知っている人は何人いるでしょうか。北アメリカでは，手話の形態は何百年もの間存在しています。アメリカ先住民は，ヨーロッパ人の到着以前に，違う言語を持つ部族間で意思を通じ合うために手話を使っていました。しかしながら，今日アメリカ合衆国で一般的に使われている手話の体系は，19世紀になって初めて開発されました。それはアメリカ手話，ASLと呼ばれるもので，コネチカット州ハートフォードで始まりました。

　アメリカでは英語を話しますから，ASLはイギリス手話に由来すると思うでしょうが，それは間違いです。なぜなら，ASLはアメリカろう学校で始まったのですが，その創設者トーマス・ホプキンズ・ガローデットはASLをフランス手話，FSLを基礎にして作ったからです。ASLはFSLに極めて近いものの，多くの独自のルールを持つ独自の言語であることは疑いの余地がありません。私たちは，ASLがアメリカとカナダの英語圏で最も一般的に使われている手話だと知っています。しかし，ASLを使う人の全国調査が実施されたことはないので，正確な人数は分かりません。最も確かな推定では10万人から50万人だと言われています。それでも，あなた自身が聴覚障害を持っていないとしても，ASLを使ってみれば，聴覚障害の人と意思を通じるのに役に立つかもしれません。

## 39. 解答 C

**Question：** What is the talk mainly about?

**訳**

質問：この話は主に何についてですか。

(A) 昔の手話の形態。
(B) アメリカの手話とフランスの手話の比較。
(C) ASLの発達と状況。
(D) アメリカろう学校。

**解説**

最初に大要が述べられることが多いので，第1文に注意して聞き取ることが大切。第1文で「アメリカで手話がどのように始まったか」について質問が投げかけられている。続いてアメリカにおける手話の発達過程が説明されている。後半ではASL（アメリカ手話）の現状について説明されているので，(C) の「ASLの発達と状況」がこれらの内容と一致している。

## 40. 解答 B

**Question：** Why does the professor mention Native American sign language?

**訳**

質問：教授はなぜアメリカ先住民の手話に言及しているのですか。

(A) それがアメリカ手話にどのように影響を与えたかを示すため。
(B) 手話がアメリカに長い間存在してきたことを示すため。
(C) 手話がフランスからアメリカにもたらされたことを示すため。
(D) 手話は習得するのが難しかったことを示すため。

**解説**

第1段落第2文で，北アメリカでは手話の形態が何百年もの間存在していることを説明し，さらに続く文で Native Americans used it before the arrival of Europeans ～「アメリカ先住民は，ヨーロッパ人の到着以前にそれ（＝手話）を使っていた」と述べている。アメリカ先住民に言及することで，北アメリカに何百年も前から手話が存在していたことを明らかにしようとしているので，(B) が正解。

## 41. 解答 B

**Question**: What possibly surprising fact about ASL does the professor introduce?

### 訳

質問：教授はASLについて，人を驚かせるかもしれないどのような事実を紹介していますか。
(A) ASLはアメリカで4番目によく使われている言語である。
(B) ASLはイギリス手話に由来したものではない。
(C) ASLは聴力に障害のある人よりも聞こえる人たちにより多く使用されている。
(D) ASLは最初カナダで発展した。

### 解説

ASLは，第1段落最終文のIt's called American Sign Language, or ASL, and it started in Hartford, Connecticut.に最初に出てくる。第2段落第1文で「ASLはイギリス手話に由来すると思うだろうが，それは違う」と言っているので，この部分がpossibly surprising factに当たると考えられる。すなわち，イギリスから来たのではなく，フランスから来たのだというのが驚くべき事実で，(B) が正解。

## 42. 解答 D

**Question**: Why is the exact number of ASL users unknown?

### 訳

質問：ASLを使っている人の正確な人数が分かっていないのはなぜですか。
(A) アメリカろう学校がその数値を公表していない。
(B) ASLの使用者の多くがカナダに住んでいる。
(C) 聴覚障害者のプライバシーを守るため。
(D) ASLを使って話す人の数が公式に数えられたことがない。

### 解説

教授は第2段落第4文で，ASLがアメリカとカナダの英語圏で最も一般的に使われている手話だと述べた後，However, と前置きして，because a census of people using ASL has never been taken, we don't know the exact numberと続けている。つまり，正確な数についての調査がなされたことがないので，(D) が正解。

## Questions 43-46

Listen to a talk about caffeine given by a professor.

Caffeine could be called the world's most popular drug. It's a stimulant found in food and drink such as chocolate, tea, and of course coffee. The Chinese noticed its effects from tea thousands of years ago. They most likely got their tea from trade with India. Caffeine in coffee came later, a little over a thousand years ago, when an Ethiopian goat herder saw that his goats were really energetic after eating red berries from a coffee plant. From Africa, coffee went to the Middle East where it is today a deep part of the cultures of those countries. Europeans finally got a taste of caffeine when cocoa was brought to Europe from the Americas in 1544. Coffee came a bit later—first to Italy via trade with the Middle East in 1640. Caffeinated drinks have had their ups and downs, but today coffee, tea, and colas are among the world's most popular drinks.

So, what exactly is caffeine and how does it work? Caffeine is a compound in the leaves, beans, and berries of over 60 different plants including tea and coffee of course, but also more exotic plants such as yerba mate. Apparently, the caffeine in plants acts as a natural pesticide that can kill insects. In humans, the effects are both good and bad. Besides giving us energy and keeping us awake, caffeine might also help to fight some cancers. However, as we know, too much of anything is rarely a good thing, right? Too much caffeine can make us nervous and fidgety and can also cause sleeping problems. Too much might also put undue stress on our hearts. Still, it is one of the few drugs in the world that is legal and used widely everywhere.

**訳** カフェインについての教授の話を聞きなさい。

　カフェインは世界一人気のある薬物だと言えるでしょう。それはチョコレートやお茶、それにもちろんコーヒーなどの食品や飲み物の中にある興奮剤です。中国人は何千年も昔に、お茶からその効果に気づきました。彼らはお茶を、インドとの交易によって手に入れたと思われます。コーヒーのカフェインはその後、1,000年あまり前に、エチオピアのあるヤギ飼いが、ヤギがコーヒーの木から赤い実を食べた後、とても活発なのを目にしたことで見つかりました。コーヒーはアフリカから中東に渡り、今日、コーヒーはこれらの国々に深く根ざした文化の一部になっています。ヨーロッパ人たちがようやくカフェインの味を知ったのは、1544年に南北アメリカからココアがヨーロッパに持ち込まれたときです。コーヒーが入ってきたのは少し後です。まず1640年に、中東との貿易によってイタリアに入ってきました。カフェイン入りの飲み物は栄枯盛衰を経てきましたが、今日、コーヒー、紅茶、それにコーラは世界で最も人気のある飲み物です。

　では、カフェインとは正確には何なのか、そしてどのように作用するのでしょうか。カフェインはもちろん紅茶とコーヒー、そしてほかにもマテなどのもっとエキゾチックな植物を含む60以上のさまざまな植物の葉や豆、そして実に含まれる化合物です。どうやら植物のカフェインは、虫を退治することのできる天然の殺虫剤として働いているようです。人間においては、その影響はよいものと悪いものがあります。我々にエネルギーを与えて目を覚まさせてくれる以外に、カフェインは一部のガンと闘うのを助けるかもしれないのです。しかし、私たちも知っているように、何でも取り過ぎはよくないですよね？　カフェインを取り過ぎると、私たちは不安で落ち着きがなくなることがあります。また睡眠障害を起こす可能性もあります。また取り過ぎると心臓に過度の負担をかけるかもしれません。それでもカフェインは、合法で、あちらこちらで広く使用されている、世界で数少ない薬物の1つなのです。

## 43. 解答 C

**Question : What is the talk mainly about?**

訳

質問：この話は主に何についてですか。

(A) コーヒーがどのようにしてヨーロッパで普及したか。
(B) カフェインの悪影響。
(C) カフェインとは何か，またどのようにして普及したか。
(D) 市場に登場しつつある新しいカフェイン製品。

解説

教授は最初に，カフェインは最も人気のある薬物だと述べ，続いて世界中にどのようにカフェインが広まっていったかを説明している。また後半では，what exactly is caffeine and how does it work?「カフェインとは正確には何なのか，そしてどのように作用するのか」と疑問を投げかけ，具体的な内容を述べている。したがって，(C) が正解。

## 44. 解答 B

**Question : What is a fact mentioned about coffee?**

訳

質問：コーヒーについて言及されている事実は何ですか。

(A) コーヒーはあるヤギ飼いが広めた。
(B) コーヒーはココアの後でヨーロッパに伝わった。
(C) コーヒーはカフェインの最も強力な原料である。
(D) コーヒーはイタリア人によって発明された。

解説

第1段落後半 Europeans finally got a taste of caffeine when cocoa was brought to Europe from the Americas in 1544.で，ココアが1544年にヨーロッパに持ち込まれたと説明されている。続く Coffee came a bit later から，コーヒーはココアの後に入ってきたことが分かるので，(B) が正解。コーヒーのカフェインはエチオピアのヤギ飼いが最初に気づいたという説明はあるが，広めたとは述べられていないので，(A) は不正解。

## 45. 解答 B

**Question : What is a reason plants contain caffeine?**

### 訳
質問：植物がカフェインを含有している理由は何ですか。
(A) 受粉のためにハチを呼び寄せるため。
(B) 虫がそれらを食べるのを防ぐため。
(C) それらを特定の病気から守るため。
(D) それらが栄養をもっとうまく吸収するのを助けるため。

### 解説
植物に含まれるカフェインについては，後半で説明されている。the caffeine in plants acts as a natural pesticide that can kill insectsと述べられているので，植物が自らを虫から守るために，カフェインを殺虫剤として含んでいると判断できる。したがって，(B) が正解。

## 46. 解答 A

**Question : What is a possible downside to caffeine?**

### 訳
質問：カフェインの考えられる否定的側面とは何ですか。
(A) 精神的安定を妨げるかもしれない。
(B) ガンになる確率を上げるかもしれない。
(C) 過度の眠気を引き起こすかもしれない。
(D) 強い中毒性を持つかもしれない。

### 解説
後半にカフェインがどのように作用するかについての説明がある。However, as we know, too much of anything is rarely a good thing, right? の後に，「カフェインの取り過ぎ」による悪い影響が挙げられている。具体的には，不安で落ち着きがなくなる，睡眠障害を起こす，心臓に過度の負担がかかるという3点。したがって，(A) が正解。ガンについては，カフェインがガンと闘うのを助けるかもしれないと言っているので，(B) は逆。

243

## Questions 47-50

Listen to a talk about memory given by a professor.

Descartes famously said, "I think, therefore I am," but maybe it's better to say we remember, therefore we are. This was especially true in the past before there were a lot of books or super convenient places such as the Internet to look up facts. In the past, a strong memory wasn't just a sign of how smart you were but also a sign of your character. It was hard work to memorize things but it was important because people many years ago didn't have easy access to libraries or computers like we do. Still, even today nothing may be more important to who we are as human beings than our memories. So, how does this memory thing work? Some have compared memory to a filing cabinet or a super computer, but these analogies are not quite right. Memory is complex and the brain uses many different parts of itself to store and recall things.

The process goes something like this. First, the brain uses the senses such as sight or smell to capture information. That information starts as a sensory memory. Sensory memories are basically electrical signals that are always moving around and changing. This constant changing is called plasticity. It's important because it allows the brain to adapt to changes including even brain damage. After that, memories go on to be stored for the short-term. If we are repeatedly exposed to certain information or do something a lot, that short-term memory may eventually become a long-term memory. If we don't visit a memory often or stop practicing something, the memory fades. That's what happens when we forget something. Scientists know more about how memory works than ever before, but they're still learning new things. It's probably going to be a while before we can see an actual individual memory in the brain. Think about how cool that's going to be.

**訳** 記憶についての教授の話を聞きなさい。

　デカルトが「我思う，故に我あり」と言ったことは有名ですが，我々は覚えているから我々があると言った方がよいかもしれません。これは，事実を調べるためにたくさんの本やインターネットのように非常に便利な場所が存在する前には，特にそうでした。過去には，記憶力がいいことはどれだけ賢いかという印であっただけでなく，性格の印でもあったのです。物事を記憶するのは大変でしたが，昔の人たちは，今日の私たちのように簡単に図書館やコンピュータを利用することはできなかったので，記憶するのは重要なことでした。それでも，今日においてさえ，私たちが人間として誰なのかということにとって，私たちの記憶ほど大切なことはないでしょう。では，この記憶というものはどのように作用するのでしょうか。記憶を書類整理棚やスーパーコンピュータにたとえる人もいますが，この類推はあまり正しくありません。記憶は複雑であり，脳は脳の多くの異なる部分を使用して，物事を貯蔵したり，思い出したりしています。

　その過程は次のようなものです。まず，脳は視覚や嗅覚などの感覚を使って情報を捉えます。その情報は，感覚記憶としてスタートします。感覚記憶は基本的に，常に移動して変化する電気信号です。この継続的な変化は可塑性と呼ばれます。これは脳が脳の損傷さえ含む変化に適応することを可能にするので，重要なものです。その後，記憶は短期間貯蔵されます。私たちが特定の情報に繰り返しさらされたり，何かをたくさん行うと，その短期記憶はやがて長期記憶になります。ある記憶をあまり訪れなかったり，何かを練習することをやめたりすると，その記憶は薄れます。私たちが何かを忘れるときに起こるのがこれです。科学者たちは記憶がどのように作用するかについてかつてないほど知っていますが，それでもまだ新しいことを学びつつあります。私たちが脳の中にある実際の個別の記憶を見ることができるまでには，おそらくまだしばらくかかるでしょう。そうなったらどんなに素敵か考えてみてください。

## 47. 解答 C

**Question :** What is the talk mainly about?

### 訳
質問：この話は主に何についてですか。
(A) 記憶力を強化する方法。
(B) 記憶についての最近の発見。
(C) 記憶の機能の仕方。
(D) 記憶の可塑性。

#### 解説
記憶とは人間にとってどういうものかという前置きの後で，how does this memory thing work?という質問が提示されている。この後に，この問いかけへの答えが続いている。後半は記憶が働く過程を順を追って説明しているので，最も内容をよく表している (C) が正解。

## 48. 解答 D

**Question :** What is a likely reason the professor quotes Descartes?

### 訳
質問：教授がデカルトを引用している理由として考えられるのは何ですか。
(A) デカルトが非常に優れた記憶力を持っていたことを示すため。
(B) 人間の記憶力の研究が昔からあったことを示すため。
(C) 哲学と記憶が密接に関係していることを示すため。
(D) 記憶は人間であることにとって重要だということを示すため。

#### 解説
教授が引用しているのはデカルトの「我思う，故に我あり」。「我あり」とは自分の存在意義のことを言う。それに対して教授は，「思う」ではなくて「覚えている」ことが人間の存在意義なのだと言っているので，いかに記憶が人間の存在にとって重要かということを伝えようとしていることになる。したがって，(D) が正解。

## 49. 解答 B

**Question : What does the brain rely on to first create a memory?**

### 訳
質問：脳は最初に記憶を創り出すために何に頼りますか。
(A) 以前の記憶。
(B) 感覚。
(C) 電気。
(D) 継続的な繰り返し。

### 解説
第2段落冒頭で，記憶が作用する過程は次のようなものだ，と言った後，Firstと前置きして，the brain uses the senses ... to capture informationと言っている。これが感覚記憶となり，さらに短期記憶として貯蔵され，それがやがて長期記憶になる，と説明があるので，記憶を創り出すためにはまずsenses「感覚」を使うことが分かる。したがって，(B) が正解。

## 50. 解答 C

**Question : Why is plasticity important to memory?**

### 訳
質問：可塑性はなぜ記憶にとって重要なのですか。
(A) それは記憶を短期から長期に移行させるから。
(B) それは脳がもっと記憶することを可能にするから。
(C) それは脳が自分自身を組み立て直すのを助けるから。
(D) それは記憶を長続きさせるから。

### 解説
可塑性について述べているのは第2段落第5文 This constant changing is called plasticity.の部分である。続いて，It's important because it allows the brain to adapt to changes including even brain damage.「可塑性のおかげで脳は脳の損傷さえ含む変化に適応できる」と，可塑性がなぜ重要かの理由を説明している。adapt to changesは「変化に適応する」ということなので，(C) が正解。allow ～ to …で「～が…するのを可能にする」という意味。

# CHAPTER 3
# 重要語彙リスト

# CHAPTER 1

| | | |
|---|---|---|
| ☐ | attendance | 名 出席 |
| ☐ | make a point of *do*ing | 努めて〜する |
| ☐ | meet up with 〜 | 〜と（約束して）会う |
| ☐ | on second thought | 考え直してみると |
| ☐ | keep away | 離れている，近づかない |
| ☐ | You can say that again. | 全くあなたの言う通りだ。（強い同意） |
| ☐ | take a break | 休憩を取る |
| ☐ | Do as you please. | 好きなようにしなさい。 |
| ☐ | rate | 名 料金，値段 |
| ☐ | try *one's* hand | 初めてやってみる，腕試しをする |
| ☐ | now that SV | 今や〜なので |
| ☐ | in a row | 連続して |
| ☐ | go ahead of (the) schedule | 予定より早く行う |
| ☐ | post | 動 〜を掲載する，（ウェブなどに）〜を投稿する |
| ☐ | fieldwork | 名 実地調査；野外活動 |
| ☐ | It wouldn't hurt to *do* | 〜してみてもよい，〜しても構わない |
| ☐ | come up with 〜 | （考えなど）を思いつく |
| ☐ | turn in 〜 | 〜を提出する |
| ☐ | Your guess is as good as mine. | あなた同様，私も分かりません。 |
| ☐ | credit | 名 履修単位，履修証明 |
| ☐ | max out 〜 | 〜を（最高限度まで）使い切る |

| | | |
|---|---|---|
| ☐ | be in talks | 話し合いを持っている |
| ☐ | make it up to ~ | ~に埋め合わせをする |
| ☐ | spur (on) ~ | ~を刺激する，~を激励して発奮させる |
| ☐ | How about SV? | ~するのはいかがですか。 |
| ☐ | draw up ~ | (文書)を作成する |
| ☐ | What is it about? | 何の件ですか。 |
| ☐ | sail through ~ | ~を楽々とこなす |
| ☐ | elective | 名 選択科目 |
| ☐ | major | 名 専攻科目；(~を)専攻している学生 |
| ☐ | course requirement | (授業の)履修条件 |
| ☐ | semester | 名 (2学期制の)学期 |
| ☐ | lab | 名 実験室；実験室での授業 |
| ☐ | turn up for ~ | ~に出席する |
| ☐ | figure out ~ | ~を理解する |
| ☐ | check out ~ | (図書館で本など)を借り出す |
| ☐ | pick up ~ | ~を取りに行く，~を受け取る |
| ☐ | bank on *do*ing | ~することを見込む |
| ☐ | plan out ~ | ~を綿密に計画する |

# CHAPTER 2

【Practice Test 1】

| | | |
|---|---|---|
| ☐ | Go ahead. | どうぞ。 |
| ☐ | make the class | 授業に出席する |
| ☐ | keep up with 〜 | 〜に遅れずについていく |
| ☐ | schedule time | 時間を取る |
| ☐ | extension | 名 (締め切りの) 延長 |
| ☐ | drop off 〜 | (乗り物から) 〜を降ろす |
| ☐ | be called away | (用事で) 呼び出される |
| ☐ | save up 〜 | 〜を貯金する |
| ☐ | on time | 時間通りに |
| ☐ | get 〜 out of the way | 〜を片付ける，〜を終わらせる |
| ☐ | narrow down 〜 | 〜を絞り込む |
| ☐ | pay off 〜 | 〜を完済する |
| ☐ | be done | 済む，終わる |
| ☐ | overdue | 形 締め切りを過ぎている |
| ☐ | fine | 名 罰金 |
| ☐ | spare | 動 (時間などを) 割く |
| ☐ | I'll say. | まったくだ。その通りだ。 |
| ☐ | if only SV | 〜しさえすれば |
| ☐ | head off to 〜 | 〜へ向かう |
| ☐ | assignment | 名 宿題，研究課題 |

| | |
|---|---|
| ☐ get ~ done | ~を済ませる，~を終わらせる |
| ☐ dissertation | 名 学位論文 |
| ☐ sleep through ~ | ~の間中眠り続ける |
| ☐ be lost in ~ | ~に没頭している，~に夢中になっている |
| ☐ straight A's | (成績が) オールA |
| ☐ be hard on ~ | ~に対して厳しくする |
| ☐ mark | 名 成績，得点 |
| ☐ I'm sold. | 納得しました。，よく分かりました。 |
| ☐ sign up (for ~) | (受講などの) 届けを出す，(~に) 登録する |
| ☐ Let's just say that SV. | とりあえず~だとだけ言っておこう。 |

## 【Practice Test 2】

| | |
|---|---|
| ☐ put ~ first | ~を第1に考える |
| ☐ due | 形 締め切りである |
| ☐ renew | 動 ~の期間を延長する，~を更新する |
| ☐ give ~ a hand with … | …に関して~の手助けをする |
| ☐ (I'll) be right with you. | すぐに参ります。 |
| ☐ come along | (宿題などが) 進む |
| ☐ fill ~ in (on …) | ~に (…の) 最新情報を知らせる |
| ☐ run through ~ | ~をざっとおさらいする，~のリハーサルをする |
| ☐ put ~ down on … | ~を…に書く |
| ☐ be in the middle of ~ | ~をしている最中である |
| ☐ I won't be long. | 長くはかかりません。 |

| | | |
|---|---|---|
| ☐ eligible | 形 資格がある，要件を満たしている |
| ☐ come along with 〜 | 〜に同行する |

## 【Practice Test 3】

| | | |
|---|---|---|
| ☐ fail | 動 〜に落第する，〜の単位を落とす |
| ☐ have got to be 〜 | 〜に違いない |
| ☐ print off 〜 | 〜を印刷する |
| ☐ cram | 動 〜を詰め込む |
| ☐ mid-term | 名 中間試験 |
| ☐ catch up with 〜 | 〜に追いつく |
| ☐ make it | (何とか) 間に合う |
| ☐ go along with 〜 | 〜に賛成する，〜に合わせる |
| ☐ pay out | 支払う |
| ☐ highflyer | 名 敏腕な人；野心家 |
| ☐ turn out | (結果的に) 〜になる |
| ☐ substitute | 形 代理の |
| ☐ catch a word | 言葉を理解する |
| ☐ leave 〜 to ... | 〜を…に任せる |
| ☐ on *one's* way (to 〜) | (〜への) 途中で |
| ☐ speak out | はっきりと意見を述べる，遠慮なく話す |
| ☐ go over 〜 | 〜を (繰り返し) 練習する |
| ☐ kick in | 始まる |
| ☐ test out 〜 | 〜を実際に試してみる |

# Answer Sheet

| EXAMPLE |||||
|---|---|---|---|---|
| CORRECT | INCORRECT | INCORRECT | INCORRECT | INCORRECT |
| Ⓐ Ⓑ ● Ⓓ | Ⓐ Ⓑ ✓ Ⓓ | Ⓐ Ⓑ ✗ Ⓓ | Ⓐ Ⓑ ◗ Ⓓ | Ⓐ Ⓑ ⊙ Ⓓ |

## Practice Test 1

| | | | |
|---|---|---|---|
| 1 Ⓐ Ⓑ Ⓒ Ⓓ | 16 Ⓐ Ⓑ Ⓒ Ⓓ | 31 Ⓐ Ⓑ Ⓒ Ⓓ | 46 Ⓐ Ⓑ Ⓒ Ⓓ |
| 2 Ⓐ Ⓑ Ⓒ Ⓓ | 17 Ⓐ Ⓑ Ⓒ Ⓓ | 32 Ⓐ Ⓑ Ⓒ Ⓓ | 47 Ⓐ Ⓑ Ⓒ Ⓓ |
| 3 Ⓐ Ⓑ Ⓒ Ⓓ | 18 Ⓐ Ⓑ Ⓒ Ⓓ | 33 Ⓐ Ⓑ Ⓒ Ⓓ | 48 Ⓐ Ⓑ Ⓒ Ⓓ |
| 4 Ⓐ Ⓑ Ⓒ Ⓓ | 19 Ⓐ Ⓑ Ⓒ Ⓓ | 34 Ⓐ Ⓑ Ⓒ Ⓓ | 49 Ⓐ Ⓑ Ⓒ Ⓓ |
| 5 Ⓐ Ⓑ Ⓒ Ⓓ | 20 Ⓐ Ⓑ Ⓒ Ⓓ | 35 Ⓐ Ⓑ Ⓒ Ⓓ | 50 Ⓐ Ⓑ Ⓒ Ⓓ |
| 6 Ⓐ Ⓑ Ⓒ Ⓓ | 21 Ⓐ Ⓑ Ⓒ Ⓓ | 36 Ⓐ Ⓑ Ⓒ Ⓓ | |
| 7 Ⓐ Ⓑ Ⓒ Ⓓ | 22 Ⓐ Ⓑ Ⓒ Ⓓ | 37 Ⓐ Ⓑ Ⓒ Ⓓ | |
| 8 Ⓐ Ⓑ Ⓒ Ⓓ | 23 Ⓐ Ⓑ Ⓒ Ⓓ | 38 Ⓐ Ⓑ Ⓒ Ⓓ | |
| 9 Ⓐ Ⓑ Ⓒ Ⓓ | 24 Ⓐ Ⓑ Ⓒ Ⓓ | 39 Ⓐ Ⓑ Ⓒ Ⓓ | |
| 10 Ⓐ Ⓑ Ⓒ Ⓓ | 25 Ⓐ Ⓑ Ⓒ Ⓓ | 40 Ⓐ Ⓑ Ⓒ Ⓓ | |
| 11 Ⓐ Ⓑ Ⓒ Ⓓ | 26 Ⓐ Ⓑ Ⓒ Ⓓ | 41 Ⓐ Ⓑ Ⓒ Ⓓ | |
| 12 Ⓐ Ⓑ Ⓒ Ⓓ | 27 Ⓐ Ⓑ Ⓒ Ⓓ | 42 Ⓐ Ⓑ Ⓒ Ⓓ | |
| 13 Ⓐ Ⓑ Ⓒ Ⓓ | 28 Ⓐ Ⓑ Ⓒ Ⓓ | 43 Ⓐ Ⓑ Ⓒ Ⓓ | |
| 14 Ⓐ Ⓑ Ⓒ Ⓓ | 29 Ⓐ Ⓑ Ⓒ Ⓓ | 44 Ⓐ Ⓑ Ⓒ Ⓓ | |
| 15 Ⓐ Ⓑ Ⓒ Ⓓ | 30 Ⓐ Ⓑ Ⓒ Ⓓ | 45 Ⓐ Ⓑ Ⓒ Ⓓ | |

キリトリ線

# Practice Test 2

| 1 Ⓐ Ⓑ Ⓒ Ⓓ | 16 Ⓐ Ⓑ Ⓒ Ⓓ | 31 Ⓐ Ⓑ Ⓒ Ⓓ | 46 Ⓐ Ⓑ Ⓒ Ⓓ |
|---|---|---|---|
| 2 Ⓐ Ⓑ Ⓒ Ⓓ | 17 Ⓐ Ⓑ Ⓒ Ⓓ | 32 Ⓐ Ⓑ Ⓒ Ⓓ | 47 Ⓐ Ⓑ Ⓒ Ⓓ |
| 3 Ⓐ Ⓑ Ⓒ Ⓓ | 18 Ⓐ Ⓑ Ⓒ Ⓓ | 33 Ⓐ Ⓑ Ⓒ Ⓓ | 48 Ⓐ Ⓑ Ⓒ Ⓓ |
| 4 Ⓐ Ⓑ Ⓒ Ⓓ | 19 Ⓐ Ⓑ Ⓒ Ⓓ | 34 Ⓐ Ⓑ Ⓒ Ⓓ | 49 Ⓐ Ⓑ Ⓒ Ⓓ |
| 5 Ⓐ Ⓑ Ⓒ Ⓓ | 20 Ⓐ Ⓑ Ⓒ Ⓓ | 35 Ⓐ Ⓑ Ⓒ Ⓓ | 50 Ⓐ Ⓑ Ⓒ Ⓓ |
| 6 Ⓐ Ⓑ Ⓒ Ⓓ | 21 Ⓐ Ⓑ Ⓒ Ⓓ | 36 Ⓐ Ⓑ Ⓒ Ⓓ | |
| 7 Ⓐ Ⓑ Ⓒ Ⓓ | 22 Ⓐ Ⓑ Ⓒ Ⓓ | 37 Ⓐ Ⓑ Ⓒ Ⓓ | |
| 8 Ⓐ Ⓑ Ⓒ Ⓓ | 23 Ⓐ Ⓑ Ⓒ Ⓓ | 38 Ⓐ Ⓑ Ⓒ Ⓓ | |
| 9 Ⓐ Ⓑ Ⓒ Ⓓ | 24 Ⓐ Ⓑ Ⓒ Ⓓ | 39 Ⓐ Ⓑ Ⓒ Ⓓ | |
| 10 Ⓐ Ⓑ Ⓒ Ⓓ | 25 Ⓐ Ⓑ Ⓒ Ⓓ | 40 Ⓐ Ⓑ Ⓒ Ⓓ | |
| 11 Ⓐ Ⓑ Ⓒ Ⓓ | 26 Ⓐ Ⓑ Ⓒ Ⓓ | 41 Ⓐ Ⓑ Ⓒ Ⓓ | |
| 12 Ⓐ Ⓑ Ⓒ Ⓓ | 27 Ⓐ Ⓑ Ⓒ Ⓓ | 42 Ⓐ Ⓑ Ⓒ Ⓓ | |
| 13 Ⓐ Ⓑ Ⓒ Ⓓ | 28 Ⓐ Ⓑ Ⓒ Ⓓ | 43 Ⓐ Ⓑ Ⓒ Ⓓ | |
| 14 Ⓐ Ⓑ Ⓒ Ⓓ | 29 Ⓐ Ⓑ Ⓒ Ⓓ | 44 Ⓐ Ⓑ Ⓒ Ⓓ | |
| 15 Ⓐ Ⓑ Ⓒ Ⓓ | 30 Ⓐ Ⓑ Ⓒ Ⓓ | 45 Ⓐ Ⓑ Ⓒ Ⓓ | |

# Practice Test 3

| 1 Ⓐ Ⓑ Ⓒ Ⓓ | 16 Ⓐ Ⓑ Ⓒ Ⓓ | 31 Ⓐ Ⓑ Ⓒ Ⓓ | 46 Ⓐ Ⓑ Ⓒ Ⓓ |
|---|---|---|---|
| 2 Ⓐ Ⓑ Ⓒ Ⓓ | 17 Ⓐ Ⓑ Ⓒ Ⓓ | 32 Ⓐ Ⓑ Ⓒ Ⓓ | 47 Ⓐ Ⓑ Ⓒ Ⓓ |
| 3 Ⓐ Ⓑ Ⓒ Ⓓ | 18 Ⓐ Ⓑ Ⓒ Ⓓ | 33 Ⓐ Ⓑ Ⓒ Ⓓ | 48 Ⓐ Ⓑ Ⓒ Ⓓ |
| 4 Ⓐ Ⓑ Ⓒ Ⓓ | 19 Ⓐ Ⓑ Ⓒ Ⓓ | 34 Ⓐ Ⓑ Ⓒ Ⓓ | 49 Ⓐ Ⓑ Ⓒ Ⓓ |
| 5 Ⓐ Ⓑ Ⓒ Ⓓ | 20 Ⓐ Ⓑ Ⓒ Ⓓ | 35 Ⓐ Ⓑ Ⓒ Ⓓ | 50 Ⓐ Ⓑ Ⓒ Ⓓ |
| 6 Ⓐ Ⓑ Ⓒ Ⓓ | 21 Ⓐ Ⓑ Ⓒ Ⓓ | 36 Ⓐ Ⓑ Ⓒ Ⓓ | |
| 7 Ⓐ Ⓑ Ⓒ Ⓓ | 22 Ⓐ Ⓑ Ⓒ Ⓓ | 37 Ⓐ Ⓑ Ⓒ Ⓓ | |
| 8 Ⓐ Ⓑ Ⓒ Ⓓ | 23 Ⓐ Ⓑ Ⓒ Ⓓ | 38 Ⓐ Ⓑ Ⓒ Ⓓ | |
| 9 Ⓐ Ⓑ Ⓒ Ⓓ | 24 Ⓐ Ⓑ Ⓒ Ⓓ | 39 Ⓐ Ⓑ Ⓒ Ⓓ | |
| 10 Ⓐ Ⓑ Ⓒ Ⓓ | 25 Ⓐ Ⓑ Ⓒ Ⓓ | 40 Ⓐ Ⓑ Ⓒ Ⓓ | |
| 11 Ⓐ Ⓑ Ⓒ Ⓓ | 26 Ⓐ Ⓑ Ⓒ Ⓓ | 41 Ⓐ Ⓑ Ⓒ Ⓓ | |
| 12 Ⓐ Ⓑ Ⓒ Ⓓ | 27 Ⓐ Ⓑ Ⓒ Ⓓ | 42 Ⓐ Ⓑ Ⓒ Ⓓ | |
| 13 Ⓐ Ⓑ Ⓒ Ⓓ | 28 Ⓐ Ⓑ Ⓒ Ⓓ | 43 Ⓐ Ⓑ Ⓒ Ⓓ | |
| 14 Ⓐ Ⓑ Ⓒ Ⓓ | 29 Ⓐ Ⓑ Ⓒ Ⓓ | 44 Ⓐ Ⓑ Ⓒ Ⓓ | |
| 15 Ⓐ Ⓑ Ⓒ Ⓓ | 30 Ⓐ Ⓑ Ⓒ Ⓓ | 45 Ⓐ Ⓑ Ⓒ Ⓓ | |